乱世华尔街

渔阳　著

中国人民大学出版社
·北京·

序

尊重常识

这本《乱世华尔街》我读了三遍。

第一遍是作为朋友。渔阳完成了初稿的 2/3，向我征求意见。记得那天我打印出来，边吃晚饭边翻阅，想作为晚餐的“佐料”。结果一顿饭吃了 5 个小时，我那完全不懂金融行业的太太，历来对任何数字和理论不感兴趣，居然也陪着我津津有味地看完了。

第二遍是作为一个证券从业人员。正值欧洲债务危机过后，全球经济二次探底的可能性大增，各种资讯、理论、观点和判断甚嚣尘上。我静下心来，仔细把书读了一遍，从中寻找一些方法论和视角，帮助自己从大量的数据和资讯中梳理出更清晰的脉络。

第三遍是作为一家中国证券公司的 CEO。在确定年度计划和预算等具体问题时，必须对市场发展方向、长期战略制定、业务模型演变、盈利模式演进等问题有所思考。于是又把书翻出来读了一遍，帮助思考：我们在哪里？我们往何处去？我们怎么去？

老实说，现在的我，已经很难看得进去 5 页纸以上的报告。而渔阳这本 200 多页的大厚书，还是打印稿，我能从头到尾读三遍，必有其过人之处！

总结下来，魅力在于“尊重常识，尊重规律”。

世界变化的速度之快前所未有，中国资本市场20年走过了其他国家也许需要30年、50年甚至100年走过的道路。速度和压力使我们不断向前，也使我们眼花缭乱。各路专家、学者、名流；各类媒体、舆论、宣传；各种专题、报告、研究，不断制造出一个又一个新话题、新观点。很多时候，我们忘记了自己是谁，自己到底要什么，我们太多致力于追求“做正确的事”，却忽略了“如何正确地做事”。

以中国资本市场为例，我们已经有全球第二大市值规模的股票市场、全球领先的交易所系统、全球规模最大的零售交易者……但资本市场到底是什么？股票市场和债券市场之间是怎样的关系？何为投资银行？投行的盈利模式有哪些？投资和交易有何不同？什么是价值投资？场内市场和场外市场差别何在？金融衍生品到底是什么？这些最基本的问题，也许有教科书式的答案，但问十个资深的从业人员，几乎可以肯定会有十种五花八门甚至南辕北辙的见解。这并不是值得欣慰的多样性，这说明我们没有对最根本的问题形成清晰的理念和基本的价值观，所以我们很容易被各种似是而非的观点所打动，被眼花缭乱的信息所迷惑，被各种短期利益所引诱。忽略常识，轻视规律，是要付出沉痛代价的。其实，这也是此次全球金融危机的根本原因。

渔阳的书，以一个交易员一点一滴的成长经历为横轴，以金融危机的演进为纵轴，以如何“挣钱”为贯穿的线索，对被我们忽略的一些常识、被大多数人以似是而非的方式理解的一些规律，作出了澄清和梳理。由于作者的严格数学训练形成的良好逻辑基础，由于长期生活在华尔街商业环境下形成的开放、独立的思维习惯，由于青少年时期成长在北京所形成的京城文化的幽默感，相信很多读者会和我有一样的感受：鼓起勇气捧起书，在笑容中看完书，在沉思中回味书。

渔阳是我多年的朋友。十年前，我在纽约时，把钱花得精光，“强行”搬入了渔阳的公寓，“抵足而眠”了差不多半年。这期间我们每每彻夜长谈，忧国忧民，也经常看到他周末赶唐人街的“发财巴士”去大西洋城赌博“练手”。当时，我就惊诧于他对于数字、逻辑的敏感，以及基于对人性深刻洞察的交易天分，建议他做每天的交易日记和分析，积累下来，必有所成。十年过去了，他终于将多年的积累变成了一本好书，我们也都成为了各自想要成为的人，或者更准确地说，都想清楚了想要成为什么样的人。从根本上讲，我们都要感谢这个伟大的时代，诚如狄更斯在《双城记》开头所说：“那是最美好的时代，那是最糟糕的时代”。每个人、每个时代，都有自己具体而微的痛苦和欢乐。我相信，渔阳、我、各位读者，都会继续努力，不负这个伟大时代赋予我们的机遇和使命。

杨宇翔

平安证券有限责任公司董事长兼 CEO

自序

2006年，世界金融市场一片太平盛世的景象。经过多年努力之后，我终于坐上了债券交易员的位置，一条金光闪闪的职业之路似乎正在我眼前展开……

没想到，迎接我的是一个前所未有的金融乱世。短短几年时间，市场经历了一个轮回，我也经历了一次宝贵的磨砺，大落大起，百战成钢，本书写的就是我这段华尔街经历。

描写交易员（trader）的中文书籍不多，大部分华尔街题材的作品都是关于投资银行家（investment banker）的，其实这两种工作差别很大。银行家们所从事的是股票上市和融资并购等业务，大致属于中介服务，而交易员们从事的是资本市场业务，需要动用银行资本。近几十年来，随着资本市场的发展，交易业务已是投行利润最主要的来源，也屡屡成为危及银行生存的隐患。交易员的世界究竟是怎样的呢？

如果把投资银行比作一艘航空母舰，那么交易员就是“飞行员”，直接肩负着夺取战果的使命。交易员是华尔街最具诱惑力的金领职业之一，与亿万资本、巨额利润、大笔奖金、金融危机等等刺激的字眼联系在一起。交易员们到底是点石成金的英雄，还是制造金融海啸的黑手？我希望这本书能帮助读者了解这个颇具神秘色彩的职业，有志于金融业的青年也可以借鉴我的经历，更好地规划职业道路。

我将以华尔街从“盛世末期”到金融海啸，再到浴火重生的大时代故事为背景，记述自己的华尔街见闻、金融海啸经历，以及对投行业务和金融市场的独特分析解读。本书侧重微观视角，从操作层面直观地看问题，重在分析华尔街的商业逻辑和思维模式，力求以浅显的语言归纳一些金融市场的本质。市场就像一个战场，横看成岭侧成峰，描写金融市场的书籍也各有不同角度，好比侦察卫星看到的战场是一番景象，指挥中心参谋眼中的战场又是另一番景象。而我将以一线交易员的视角，带读者亲临真实的战场，体验子弹呼啸而过的紧张，在战斗机驾驶舱中穿越华尔街。

熟悉金融理论的读者或许会觉得书中某些观点颇有离经叛道之处，其实我也算科班出身，学过正统理论，然而诚如孟子所言：“尽信书，不如无书”。最大的风险往往藏身于理论的盲区之中，在市场中生存需要理论与实际经验相结合，我所写的就是一个“老兵油子”从经验教训中总结出的心得体会，虽然未必全对，但希望能对金融专业人士有所启迪。

此外我还有一个奢望，愿这本书能帮助正在走出国门的中国投资者了解国际资本市场的运作方式。国际金融市场的确很像自然界中的丛林草原，弱肉强食，适者生存，做不了狼，就只能做羊。中国人必须也只能从实战中慢慢积累经验。我也许只是华尔街狼群中微不足道的一分子，但愿意把自己几年来追逐猎物、躲避危险的经验教训贡献出来，愿中国投资者能成为狼，让中国人用血汗创造的财富保值升值。

回首这些年的交易员经历，我很庆幸自己有机会见证了历史。“挑灯看剑，梦回吹角连营”，就让我们一起重温一个大时代的故事，同去华尔街江湖中走一遭。

第一章 镀金时代

第二章 次贷危机

第三章 金融海啸

第四章 峰回路转

第一章 镀金时代

上九：亢龙有悔。

《易经·乾卦》

1。赌场到华尔街

我的华尔街之路，是从赌场开始的。

若干年前，我坐在赌场里对着一大堆红红绿绿的筹码计算得失，给自己挣点零花钱；若干年后，我管理着数亿美元的交易账簿，为银行创造着以千万美元计的利润。这之间的跨度不可谓不大，却又似乎不是很大：都是赌，赌注不同而已。

关于赌，我应该很有些遗传：据说我太爷爷就好赌，我太姥爷还开过麻将馆。我继承了两边的基因，然而由于生在新中国，长在红旗下，我的好赌本性很长时间内受到了压抑，以致转而热爱数学，并且混进了北京大学。不过大学四年我只学明白了一件事：数学这个领域太过艰深，而我真正精通的只有算术，还是扬长避短，找个与算术关系密切的职业比较稳妥。

毕业后我随着出国大潮“盲流”到美国，踏着前辈们的足迹转学了电脑，却没有顺理成章地奔赴硅谷，而是误打误撞进了某投资银行从事IT工作。其实那时候我都不清楚投资银行到底是干什么的，只觉得每天与变幻莫测的市场打交道应该很酷。

到了华尔街之后我才发现，虽然“身在赌场”，可我的工作与“押宝下注”毫不沾边。我所在的部门属于“后台”（back office），与直接负责融资交易的“前台”（front office）完全不是一回事，待遇也差别很大。形象地说：前台负责战斗，后台负责保障支援，虽然胜利也有后台的功劳，可立功受奖的多是前台。比如经济奖励上前台每人获得一斤猪肉，五包香烟；后台每人只得一包香烟。投资银行发放年终奖金，也照此办理。

在投行久了，我自然想转到前台工作，其中固然有高薪的诱惑，更重要的是我很想体验在市场中冲浪的感觉，每天和数字打交道似乎也能发挥我“精通算术”的特长。但想从后台转到前台十分困难，基本只能靠“二进宫”，去名牌大学商学院“回炉”读书，毕业后重新找前台的工作。我本来早想走这条路，无奈为了个破绿卡蹉跎了好几年。不过这几年倒也没有虚度，我自学成材完成了“华尔街预科教育”——在赌场。

※

典型的美国赌场就像阿里巴巴的藏宝洞，似乎遍地是钱，大堆的筹码在赌桌上被推来推去，四周时时响起叮叮当当掉硬币的声音，好像在召唤着赌客们赶快来发财。其实绝大多数赌场游戏对玩家来说都是“久赌必输”，例如老虎机和轮盘赌。如果能控制住冲动不在这些游戏中下注，就算练成了一项重要功夫：没有机会绝不出手，兵法中叫“不动如山”。

在密布陷阱的赌场里也隐藏着机会：21 点（Black Jack）。高手可以通过记牌打败赌场，许多华尔街前辈年轻时都干过这事儿。从概率上讲，21 点是庄家优势很小的游戏，只要玩家掌握了基本战术，庄家的优势就只有 0.5% 左右，也就是说玩家每压 100 块，平均只输 5 毛钱。更妙的是，这个 0.5% 的微小差距还会随着剩余大小牌张的比例有上下 1% 的浮动。21 点的取胜秘诀就是：通过记牌估算概率，当形势于庄家有利时，下小注，当形势于玩家有利时，下大注。

一个偶然机会，我得到了一本传授 21 点赢钱秘笈的小册子，如获至宝，马上挑灯夜读。不久后我确信自己“武功”已成，遂奇袭拉斯韦加斯。那是痛快的一个星期，我一家家赌场扫过去，十步赢一把，千里不留行，揣着两裤兜百元大钞回到纽约。

赢钱如此容易，我一度觉得 21 点可以当成提款机。其实，那次只是幸运女神向我微笑了一下而已。因为在那之后，我虽然总体能赢，但起伏很大，再也没有每战必胜的运气了。经过一番研究，我终于从数学上认清了 21 点的内在问题：风险太大，与回报期望值不成比例。比如想达到平均每小时赢 20 元的期望值（expectation），就得承受上下浮动 1 000 元的风险（standard deviation），用金融行话来说，就是夏普比率（Sharpe Ratio，投资回报与风险的比例）太低。换个角度讲，21点输赢波动很大，因此赌注不能下得太大（相对总赌本），否则很容易赔光，但不下大注又怎么可能赢大钱呢？所以21点是个“赢不了大钱”的游戏。

这些看似弯弯绕的分析中其实蕴藏着深刻的道理，下面的章节中将会谈到：风险、回报和杠杆正是“对冲基金”模式的核心。

由于赌场规则改变，靠记牌赢21点很快变得近乎不可能了，这时美国又开始流行得州扑克（Texas Hold’em）。相比21点的机械战术，得州扑克更强调“与人斗其乐无穷”——你不需要最好的牌技，只需要找到比你更差的对手；你不能只看自己的牌，更要揣摩对手的牌；你不能总是虚张声势，但也不能总是实实在在，你必须七实三虚，在对手以为摸透你的时候，悄然改变战术。初级玩家根据自己的牌押宝，高级玩家根据对手可能的牌和对手的心理押宝。得州扑克是一个看似简单，实际上极其深奥的游戏，网络牌室和电视转播使其迅速风靡美国，我一度沉迷于此，甚至想过辞职做专业牌手。

得州扑克教会了我一个重要的投资、交易和赌博原则：在新游戏中最容易赚钱，只要你能先行一步，在别人还没反应过来时把策略研究清楚，在别人还犹豫不决时抢先行动，你就把握了最大的胜算。例如，当网络赌场刚刚推出“无限压注”（no-limit）扑克时，很多玩家都错误地延续了“有限压注”的策略，那段时间很容易赢。等群众渐渐明白过来，竞争就变得激烈了。后来网络赌场又推出了“单桌淘汰”（single table tournament）：十个人一桌，每个人只有一定数量筹码，输光了走人，最后三个人按名次分钱。这其实是一个相当数学化的游戏，出牌方法可以依据自己的牌、位置、对手人数和各方筹码情况做出量化分析。我在大多数人还在“瞎玩儿”的阶段就总结出了一套简单方法，并通过同时玩五到六桌牌的办法提高利润率，在群众战术水平提高之前赢了不少。

在赌场里我还养成了观察其他玩家的习惯。例如，赌客们在拿到好牌的时候往往十分保守，生怕“煮熟的鸭子飞了”，为确保眼前的小利往往采取相当糟糕的行动；而他们在输钱的时候却又变得十分激进，不断加大赌注力求翻本，全然不顾“适时止损”的法则。也许这些都是人类本性的反映，但一个好的赌客必须反其道而行之：我从不押输不起的赌注，输到限额绝不恋战；我甚至不十分关心某次的输赢，只在乎是否运用了正确的战术；我不相信运气，我相信技巧、概率和风险控制。

赌得多了，又看了不少明星交易员和基金经理的传记访谈，我渐渐悟出一个道理：真有本事在赌场上赢钱的人，反而最不应该赌博，因为以他们的聪明才智，如果专注于正业往往能取得比赌博赢点钱大得多的成就，所以赌博的至高境界乃是不赌。正好此时那鸡肋绿卡也终于拿到了，我于是决定金盆洗手，投考商学院。

※

那几年金融界流行搞数学模型，一种称为“金融工程”的专业应运而生。这是个介乎金融、数学和电脑之间的学科，专门培养业界急需的三项全能人才。加利福尼亚大学伯克利分校的金融工程专业号称全美排名第一，并且硕士文凭只需一年时间就能拿到，特别适合为了换工作而读书的人，所以伯克利就成了我的首选。这个专业挂靠在商学院，“鸡麦特”（GMAT，商学院资格考试）分数是录取的重要参照。标准化考试我最拿手，反正几个答案中总有一个对，这本身就是重要的提示，再结合上下文猜猜意思，揣摩揣摩出题人的心理，“鸡麦特”比得州扑克简单多了。

答完最后一道题目，电脑屏幕上显示出790的变态高分。我知道，凭着这样的成绩和已考过的特许金融分析师（CFA）三级，伯克利金融工程专业的录取应该是十拿九稳了。

※

伯克利的校园座落在近海的山坡上，古雅的建筑掩映在葱翠的树丛中，仿佛座座学术殿堂。矗立在半山的钟楼是学校的标志，从那里可以眺望金门大桥以及更远处浩瀚的太平洋。落日的余晖和着钟声唱晚，勾勒出一幅宁静、从容的画卷。刚脱离了纽约尘世喧嚣的我，恍如置身世外桃源。

这是一所世界著名的大学，出过几十位诺贝尔奖得主。这还是一所左翼思想占据主导的学校，据说很多教授倾向社会主义。校园里难得见到星条旗——那是美帝国主义的反动标志。各式各样的反战、反布什、保护地球环境之类的示威游行倒是经常有，“革命青年们”还特地将校园附近的一个小公园命名为“人民公园”。

商学院是这所左翼进步大学里的资本主义死角，只有这里总能看到有人穿西装打领带。自成格局的小院子里，三五成群夹着笔记本电脑、口里蹦着最新商业名词的未来社会主流人士匆匆而过，我混迹其中，奔波于教室与图书馆之间，发愤研读金融创新时代的武功秘笈。

伯克利金融系师资力量强大，一上来就派出了本系挂头牌的鲁宾斯坦教授给我们上“金融产品”这门课。这位鲁教授是学术界大大有名的人物，年轻时提出了用二叉树方法为期权（option）定价的重要理论，如果不是因为鲁教授中年时一段失败的从商经历，他可能已经得过诺贝尔经济学奖了。

那是20世纪80年代中期，美国金融史上一个“创新”时代。先是房贷抵押债券，然后是垃圾债券，华尔街为各种新发明得意洋洋，大获其利。象牙塔中的鲁教授大约也有些心动，便联合另外两位教授开了个公司，设计推销金融创新产品。鲁教授理论联系实际，根据自己的期权定价方法推出了用交易指数期货模拟空头期权（put option）的策略。简而言之，就是追涨杀跌、越跌越卖，以确保在牛市中不踩空，在熊市中损失不超出限额。这个“投资组合保险”(portfolio insurance）策略风靡一时，不幸的是，不久之后的1987年10月就发生了道琼斯指数一天下跌22%的“黑色星期一”事件。鲁教授“投资组合保险”的信徒们在下跌时蜂拥进场抛售，为股市崩盘做出了巨大贡献，鲁教授等三人也为此遭到国会专案小组调查，虽然最终定性为人民内部矛盾，但鲁教授的英名毕竟蒙上了污点，心灰意冷的他只好回到伯克利教书。提这段旧事是因为类似的事情在金融危机时还会重演。

有了这样跌宕起伏的人生经历，鲁教授对给我们这些半路出家的投机分子上课这种破事自然提不起兴趣，课堂上除了为自己当年的被调查鸣不平，就是照本宣科讲一份看上去很有些年头的讲义：那里面最新的例子都是1987年的。“投资组合保险”理论听腻了，某些同学便大着胆子不来上课，面子受损的鲁教授于是祭出了“天下教授一般黑”的办法：不定期课堂小测验，计入期末成绩。在这样的师生斗法中一转眼两个小学期过去了，最后一堂课前，鲁教授很仁义地提醒同学们：下堂课一定小测验，各位贪睡分子不要抱侥幸心理。

最后一堂课，同学们揉着惺忪睡眼嘟嘟囔囔地按时到达，一直等到下课，鲁教授也没提小测验的事儿。同学们群起指责教授无信，鲁老阴险地嘿嘿一笑，说出了两学期课程最有用的一句话：

“The last promise，is the only one you can break.”（最后一个承诺，是唯一可以不遵守的承诺。）

我瞬间如醍醐灌顶：这岂非犹太人纵横商场千余年的秘诀之一？从正面理解，做生意就得讲信用，背信一次就没人理了。从反面理解，要是有人利用多年积累的信誉在最后捞一把的话……听说也有过中国商人为此吃亏的事情，今后不可不防。

※

同学们来伯克利念书大都是为了找工作，所以最受大家爱戴的是金融工程专业的负责人黛比。这位女士精力充沛，把为同学们找工作看做头等大事，为了增加我们的相关工作经验，她特地在短短一年的学制中挤出三个月时间安排实习。黛比很能和业界人士拉关系，因此同学们毫不怀疑，她一定会把我们精心包装，以次充好，安插到华尔街去。

某日，黛比特地请了一位资深猎头前来传道。这位女士号称在著名投行所罗门兄弟公司做过交易员，讲话风格很像《围城》里那位一口一个"兄弟在英国的时候"的督学大人，只不过她的口头禅是："姐们儿在所罗门的时候"。演讲完毕，同学们手持简历排成长队，请"所罗门姐们儿"指点迷津，求签问卜。求到好签的欢喜而去，拿到坏签的闷闷不乐，好不容易轮到我，所姐一边扫视我那毫无金融相关经验的简历，一边听我大侃想当交易员的伟大理想，末了只撂下一句话：

"It will take many years before they let you touch money."（需要过很多年他们才有可能让你碰钱。）

那口气，仿佛赵太爷对阿 Q 说："就凭你，也配姓赵？"

接下来的事情证明"所罗门姐们儿"颇有先见之明，七八家银行、基金走马灯似地到伯克利挑实习生，竟没有一家叫我去参加校园面试。我心灰意冷，跑到黛比办公室里诉苦，说黛总帮我随便找个地方发配了得了。黛比倒比我有信心，她目光炯炯地注视着我说：

“机会总有，来了一定要抓住。”

※

第一个向我发出校园面试邀请的，竟然是高盛（Goldman Sachs）。

开始我以为他们弄错了，华尔街头号大牛高盛，怎么可能对我这样毫无经验的人感兴趣呢？到黛比处打听了一下才知道，原来高盛策略部门派来的两个人居然要面试我们班60位同学中的近30人，完全是“海选”。后来我才慢慢明白，高盛对待人才的态度可以用四个字概括：一网打尽。只要某人稍有尺寸之长，高盛都会给予面试机会，至于他能否过五关斩六将，最终拿到offer（聘书），就要看此人到底有何本领了。这种“不拘一格选人才”的方法，也许正是高盛的成功秘诀之一。

面试那天我最后一个上阵，面试官基恩一脸倦容。这位哈佛毕业的小伙子不幸被派了校园面试的苦差，又已经连续奋战了七八个小时，看上去表情痛苦。基恩愁眉苦脸地审问了我半小时，经过从数学到统计、从金融到编程再到智力题的轮番轰炸后，他的脸上终于露出了一丝笑容：“你是唯一所有问题都答对的，等下一轮电话面试通知吧。”

这个“电面”（电话面试）很有几分风险，总共45分钟，不知会问到什么，稍不留神就可能直接挂了，根本没有机会挽回。怎么办呢？不打无准备之仗，不打无把握之仗……我特地修改了简历，重点强调了期权定价等几个拿手项目，设下了“埋伏”。果然，面试官被我不经意间引入“埋伏圈”，问起了我精心准备过的利率模型。我于是侃侃而谈，从数学公式讲到金融含义，从模型的优点谈到局限性，越说越眉飞色舞，就跟自己真懂似的。估计面试官也被侃晕了，对我大加称赞，这一轮电面又过了。

最后一轮面试在高盛纽约总部进行，这是真正的决战，固定收益策略部（Fixed Income Strategies）和投资银行策略部（Investment Banking Strategies）要分别对我进行一整天九人以上的面试。马拉松面试是投行的特色，目的不仅在于全面考察候选人的知识技能，更在于对候选人的接人待物作出整体评估。高盛非常重视团队合作，新进员工必须让所有人感觉“舒服”，能融入团体才行。

第一天固定收益策略部的面试顺风顺水，除了一般的金融和数学问题，还有很多概率统计问题。感谢北大的训练和赌场上的磨炼，扔硬币、掷骰子、扑克牌这类事情属于我的本门武功，自然对答如流。另外比较有意思的就是“脑筋急转弯”型智力题，读者不妨试试这个：

你被困在一座荒岛上，救援要四天之后才能到达。你有一种特殊疾病，需要每天吃A、B药片各一片才能生存。很幸运，你两种药片各有四片，但不幸的是，它们混在一起了，而且外形一样，无法辨认。怎么办？

（答案：把每片药分成四等份，每天吃每片药中的一份。）

第二天面试的是投资银行策略部，也就是到伯克利挑人的基恩那个部门。上午的面试行云流水，午饭时基恩出面，一边闲聊一边考察了我的“吃相”，然后他友好地提醒：上午干得不错，下午第一个面试我的是本部门资深的董事总经理尼克，这一关过了就基本拿下了。

教授改行的尼克笑容可掬，态度和善，天南海北地聊了一通之后他忽然问：“你觉得现在有什么好的投资机会？”

我意识到这是个决定成败的关键问题，谈股票就太俗了，得来点新鲜的，我猛然想起不久前买的新兴国家债券基金……

“我认为，新兴国家的债券很有吸引力。”

见尼克颇有兴趣，我继续侃：

“经过1998年俄罗斯债券危机和2002年阿根廷破产事件，投资者对新兴国家债券依然怀有恐惧心理，因此这些债券价格低廉，收益率很高。然而这几年世界经济格局已经发生了深刻变化，中国的崛起使得石油、矿石等资源价格猛涨，而巴西、俄罗斯等国恰恰是重要的资源输出国，它们的国际收支状况大有改善，偿还债务的压力已经大大减轻了。更何况，原材料产业的投资热潮带动国际资本流入这些国家，因此它们的货币也很可能升值，最近的人民币升值*将成为动因。现在投资新兴国家债券，很可能利息、价格、汇率三丰收啊！”

我说得头头是道，尼克听得兴趣盎然。接着我们又进行了一番热烈讨论，我借机请教了几个相关问题。看起来他对我的应答十分满意，高盛需要的大概就是这种怎么说都有理，怎么说都能自圆其说的人。我估计这个面试和前一天的固定收益策略部面试都应该拿下了，固定收益部更接近我的交易员理想，不过在投资银行策略部侃侃大山似乎也不错。

第二天我飞回加州，黛比喜上眉梢地告诉我，今年高盛策略部门破天荒地要了伯克利好几个学生，我是固定收益和投行两边都看上的人。接着黛比话锋一转，正式通知我：经高盛公司内部协调，我被“分配”到了投资银行策略部。我兴奋的同时略感失望：投行部？难道真得放弃交易员理想，改做投资银行家的军师吗？在黛比炯炯目光的注视下，我知道自己别无选择，只有服从组织的安排。

* 2005年7月，人民币汇率从8.28调整为8.10。

2。高盛实习

2005年秋天，我进入高盛的投资银行策略部实习。要说我以前也算见过些世面，但高盛这个华尔街头号王牌的精气神还是令我惊叹。这个公司有一种难以言传的朝气和锐气，员工们恨不得在身上佩戴“特种部队”符号，以示和其他投行不同。如果把高盛比作一支军队，那么它的士兵经过严格挑选，下级军官普遍出自一流军校，中级军官是多年实战磨炼出的骨干，高级军官大都是长期并肩作战、配合默契的“老高盛”，这显然是一支战斗力强大的精兵。

如果查一查高盛高管的履历，你会发现不少人出自J.Aron大宗商品交易公司。J.Aron的名号外人未必熟悉，在高盛内部可是大有来头。这家原本独立的公司在20世纪80年代初被高盛收购，之后就像金母鸡一样不停地“下金蛋”，J.Aron集团也借此成为一个势力强大的“山头”，高盛老总接班人布兰克芬（Lloyd Blankfein）就是该山头的领袖。大宗商品交易近乎投机，杠杆很大，一夜暴富和血本无归的故事经常发生。这一行里磨炼出来的人通常对于风险和回报有超乎寻常的敏锐直觉，是一群既能冲锋陷阵，也能躲避子弹的老兵。也许正因为高管层中有不少大宗商品交易战场上摸爬滚打出来的老兵油子，高盛在容易赚钱时往往敢下很大的赌注，而危机来临时却总能全身而退。

高盛的管理也很有一套，概括起来说就是：前有现大洋，后有督战队，再来点儿政治思想工作。“现大洋”就是高额奖金，连续几年达到平均每人 50 万美元左右，是其他投行的两倍。只要有出色的表现，高盛员工就能成为百万甚至千万富翁。如此重赏之下，自然人人争先。所谓“督战队”就是惩罚后进的机制。高盛每年都要对员工进行系统评价打分，并淘汰 5% 的“落后分子”，这个听上去有点残酷的办法和罗马军团维护士气的“什一格杀令”倒颇有相似之处。而“政治思想工作”则是培养员工的团体感和荣誉感。逢年过节，大家总能收到老总的电话录音留言，使人感觉管理层并非高高在上，而是同一个战壕里的战友。在公司内部会议上，常常听到“因为我们是高盛”（Because we are Goldman）这句话，潜台词是：我们标准很高，别人做不到的事，我们也能做到！

※

我所在的投行策略部，员工大都出自哈佛、耶鲁等名校，很多有博士学位，有几位甚至是改行教授，例如面试过我的尼克，还有一位董事总经理曾任教麻省理工商学院。这种资历的人当然最有话语权，所以他们负责直接与客户和银行家打交道的“忽悠”工作。至于我这种人微言轻的小实习生，职责是给大佬们提供忽悠的素材，分析各公司的财务和资本结构情况，变着法“寻找问题”，好让高盛有帮助客户“解决问题”的机会。

分析数据少不了写程序，高盛使用的编程语言是一种自己开发的名为“SecDB”的古怪系统，那蓝底白字的界面看上去只有20世纪80年代的水平。可别小看这套外表朴实的系统，它是由高盛珍藏的一批电脑天才花了十几年时间慢慢积累而成的，据说可靠性和功能都大大超出同类商用软件。高盛坚持使用自己系统的另一个原因是为了保密，任何人离开公司都无法轻易带走核心算法。此外还有一个留人“阳谋”：用惯了SecDB的人到别的公司还得重新学起，所以不少人也就懒得跳槽了。

刚进公司的我每天被SecDB弄得头昏脑胀，还得经常和“不明飞行物”打交道。这当然不是真的“不明飞行物”（UFO），而是SecDB系统特有的“通用金融组件”（Unified Financial Object）的简称。工作中遇到问题大家会在一种叫“红薯”（Yet Another Messaging System，YAMS）的聊天系统上互相交流，在高盛策略部门工作倒是很有几分硅谷电脑公司的感觉。这也是高盛特色：侃大山一定得会，但光耍嘴皮子还不够，手上的硬功夫也不能少。公司内部讲座上，董事总经理能一边讲模型，一边写程序，最后模型讲完了，程序也写完了。高盛团队确实是一支内外兼修的精锐。

※

我们的部门负责人杰瑞出身于 J.Aron，根正苗红，是晋升合伙人的热门。这“合伙人”是高盛特有的一个级别，地位在董事总经理之上。早期的华尔街投行基本上都是合伙制度，资本由合伙人拼凑，提升到合伙人的员工就要贡献资本，同时也参与分红。实行合伙制度的投行风险意识都很强，行事谨慎，因为毕竟资本是合伙人自己的。20 世纪 80 年代后，由于交易规模扩大，以及新产品不断出现，投行业的资本用量越来越大，各投资银行不得不纷纷放弃资本来源有限的合伙制度：有的与商业银行合并“傍了大款”，也有的通过上市发行股票扩大融资渠道。所有权与管理权的分离，使得华尔街越来越漠视风险，盲目追逐利润，这也是诱发金融危机的一个原因。

高盛在大投行中最后一个放弃合伙制度，于 1999 年上市，此后“合伙人”就成了一个略带怀旧色彩的级别，全公司总共才 300 多人（2005 年），都是独当一面的大将。晋升合伙人在望的杰瑞在管理上颇有一套，非常强调“交出货色”（deliverables）。每星期开部门会议，他都让大家自己说这个星期能“交出什么货色”，然后下星期对照总结。这招十分阴狠——无货可交固然显得没用，拍完胸脯交不出货看起来就更蠢，众伙计为了按时交出自己保证过的货色，只能自个儿拿了小鞭子赶着自己往前走。据说明朝名相张居正整顿吏治用的“考成法”就是此招，杰瑞无师自通，竟与中国古人暗合，不愧是当合伙人的料。

某日，杰瑞忽然气急败坏地召开全组紧急会议，原来两名组员在电梯里讨论并购案，被客户听到了，一状告到大老板那里，酿成了一起严重违纪事件。美国证券法规对于内幕交易处罚严厉，就算在自己家里聊天，如果讲到尚未公布的并购案，被人偷听引发内幕交易，泄密的人都有可能坐牢。因此工作中接触内幕消息的投行部门人员的嘴应该严得跟地下党似的，说梦话都得留神，现在竟有人在电梯里讨论并购案，难怪杰瑞大发雷霆：

“你们应该好好想想，在电梯里乱讲话是何等愚蠢的行为！还好是我们的客户听见了，如果是《华尔街日报》听了去呢？那还了得！就像前些天纽约证券交易所并购群岛公司（Archipelago）那个事，两个小分析员（analyst，投行初级职位）乱写电邮，结果让新闻界见了报，对高盛的形象造成了很坏的影响！”

杰瑞说的纽交所事件，是不久前的华尔街新闻，或者说是桩丑闻：纽交所老总塞恩（John Thain）以前是高盛的首席运营官，所以他聘用老东家作为纽交所并购群岛电子交易公司的顾问，这在“靠关系”的华尔街并不奇怪，但是高盛太贪，居然同时当起了群岛公司的并购顾问，那么它究竟代表哪一边的利益呢？更绝的是，高盛还拥有群岛公司 15% 的股权，却一点避嫌的意思都没有。两个分析员在电邮中拿这个高盛“里外通吃”的一锅粥并购案开心，被捅给了新闻界，街上人士纷纷借机指指点点：“看，这就是高盛。脸厚心黑，什么钱都敢赚！”

奇怪的是，杰瑞不为高盛“吃了原告吃被告”的行径感到羞愧，反倒对两个走漏风声的小分析员大加伐挞。末了，他发出指示：

“你们最好少写电邮，那是永久保存的，搞不好哪天就得见报，拿到法庭上当证据。以后有事打电话，电话录音只保留30天！”

可惜，再严格全面的法律教育也阻挡不了某些人对金钱的贪欲。就在几个月之后，爆出了美国数十年来最大的内幕交易案，主角之一正是杰瑞的手下，在伯克利面试过我的基恩！这位哈佛毕业、精明能干的小伙子，如果沿着高盛之路踏踏实实走下去，成为百万富翁应该只是时间问题，可是他想发快财，走上了内线交易的不归路。还好基恩兔子没吃窝边草，没有用高盛的内幕消息，否则杰瑞等人都脱不了干系。这个基恩也确实有点歪才，他先是搭上了一个在摩根士丹利工作的同伙，两人又在俄式澡堂泡澡的时候发展了一个就职美林的分析员，三人串通一气，由美林分析员提供情报，基恩和大摩同伙利用加州和克罗地亚的亲戚进行内线交易。基恩等人还嫌消息来源不广，买通了印刷厂工人，以便在《商业周刊》等杂志面世之前先取得股评信息。这个组织严密的网络最后因为一位克罗地亚表姨贪婪地在某桩并购案公开前大买期权而败露，基恩等人也锒铛入狱。追想昔年荐己之恩，我不禁为基恩一悲。借此奉劝各位青年，切莫误学基恩走邪路。

※

我在高盛实习期间，正好赶上发年终奖金。像我这样的实习生是没份的，只能在旁边“一饱眼福”。2005 年是个创纪录的丰收年，投行部门的营业收入比前一年大幅增长，可是和交易部门，特别是负责自有资金投资的部门相比，投行部的盈利只能算“可有可无”。全高盛赚钱最多的是“特殊情况部”（Special Situation Group），就是在中国买养猪场的那批人。有人说他们是暗算中国的阴谋家，在笔者看来他们不过是十分精明的逐利商人罢了。后来特殊情况部的负责人还因为对奖金不满愤然跳槽——有阴谋家跳槽的吗？

如火如荼的自营投资业务让高盛对如何利用丰沛的客户资源有了新思考，“Triple Play”（意译：一鱼三吃）成为时髦策略：首先是为客户提供上市、并购等咨询服务，并力争为高盛带来相关生意，这算“第一吃”；然后要帮助客户优化资本结构，继续融资，这算“第二吃”；最后还要伺机与客户联手投资，直接押上高盛的资本，这是获利最为丰厚的“第三吃”。例如在中国各大银行上市过程中，高盛参与股票承销的直接收入并不很多，但购入的中国工商银行股票却带来了相当大的盈利。

投资银行赚了钱，给员工分红是有“行规”的，给少了精英就可能跳槽。在高盛，负责融资并购的投行部门通常把近 50% 的毛收入（revenue）用于工资、奖金和福利支出。投行部门做的是靠关系的无本买卖，不需要太多资金，所以提成比例最高。

股票和债券等交易部门因为需要资金支持，分钱的比例低些，一般在35%左右，这包括所有相关人员，至于交易员本身，通常可拿百分之几到十几不等的分成。在盈利创纪录的2005年，这些提成汇总成了天文数字：高盛的两万多名正式员工分享了110亿美元年度奖金，平均每人达到令人咂舌的50多万美元。当然，这些钱远不是平均分配的：后台的支持性工种、大部分普通员工奖金不到10万美元，而前台刚进公司的分析员、经理（associate）也拿不了多少钱，甚至可能比其他投行的新进员工还少——反正公司知道初出茅庐的年轻人为积累资历，钱少也会来高盛，乐得趁机少发点。真正拿大钱的是公司离不开的，尤其是能直接带来盈利的资深员工，包括银行家、交易员、销售、风险控制和研究人员，以及各部门管理者。前台的副总裁级别员工（通常本科生五年以上资历，或研究生三年以上资历）很多能挣到50万美元以上，董事总经理级别的当在百万美元以上，至于最高级别的合伙人中，千万美元以上者大有人在，老总保尔森和“太子”布兰克芬的年收入则在五六千万美元。

年成这样好，公司各部门纷纷举办奢华的圣诞派对庆祝。投行部的人平时见惯了世面，派对的手笔也最大，包了个豪华酒店，先是开庆功大会，气氛搞得和演唱会差不多，老总保尔森也讲话鼓劲，我印象最深的是他说自己曾经50多次访问中国：这个“无利不起早”的老头儿眼光是多么精准啊！

大会开完，聚餐开始，在一个大厅里开席好几百桌。本以为只有我国改革开放初期的土大款如此摆谱，原来大牌投行也一样。大家边吃边欣赏文艺节目，编排者大多是刚进公司不久的分析员。这些年轻人真是精力旺盛，每天工作十五六个小时，居然还有工夫拍电视小品，而且不少都有“春晚”水平。最搞笑的是一个“高盛秃发精”小品，俗话说：“热闹的马路上不长草，聪明的脑袋上不长毛。”高盛人工作辛苦，很多人“中年早谢”，小品就拿这事取笑：说在高盛只有秃顶才能升官。影片中一位高管手拿小瓶子深情地回忆：自己以前当了多年副总裁，无论怎么努力工作就是升不了董事总经理，直到用了“高盛秃发精”，现在头发掉光，都当上合伙人啦！在观众的哄笑中影片里出现了保尔森和继承人布兰克芬的光辉形象——这二位都是秃顶。只见两人高举小瓶子，齐声赞道：“高盛秃发精，就是好！”这些大胆的小孩，竟敢拿老总们开心。一片笑声中，年轻人心里平衡了许多：我们钱拿的少，可是头发比你们多！

圣诞派对是同事们交流的大好机会，可我越和别人聊心里越发虚：高盛的牛人实在太多，到处都是学历出众、口才了得、外表光鲜之辈，在这种人精扎堆的地方，我能有出头之日吗？就咱这半路出家的道行，就咱这带点口音的英语，恐怕很难在需要“资历”和“侃功”的策略部门赢得话语权，弄不好就得一直跟“不明飞行物”战斗下去。

对这种情况，毛泽东军事思想和得州扑克取胜秘诀的策略一致：敌强我弱，撤。

※

正好此时纽约大学为金融工程类学生专门举办了一个招聘会，我便赶去碰碰运气。到了之后才发现，多数参与公司已经根据简历挑出了感兴趣的人选，幸运儿们被叫进一间间小办公室密谈，毫无经验的我自然轮不到这种好事，只能在大厅里各公司的摊位前排队等候见面递简历。也不知哪里冒出这么多学生，一张张年轻的脸上洋溢着憧憬，华尔街年成好，就连尚未毕业的学生们也对来年找个工作，多收个三五斗满怀希望。排队学生们一片欢声笑语，某某学长去了某某公司拿了多少奖金的讨论不绝于耳，听众于是更增添了排队的动力。

那天去的都是著名公司，似乎每个摊位前的队都很长，我可没兴趣排上半小时队和人说三句话，转了一圈，就只有鲁西银行（化名）这队人少点。要说鲁西银行也是世界著名的大银行集团，可是在高盛、雷曼、城堡对冲基金（Citadel）等群雄包围下，鲁西银行还是显得“队比较短”。我对这次招聘会其实已经不抱什么希望了，于是死马当成活马医，排进了鲁西银行这一队。

※

每个人的生命中都会遇到几个贵人，那一天，我遇到了瑞克。

瑞克是鲁西银行的自营交易员（proprietary trader），工作是用银行的自有资本押宝赚钱，在2005年，这可是投资银行里最让人眼红的职业，相当于内部的对冲基金经理。牛人瑞克出于对母校纽约大学的热爱，代表鲁西银行前来参加招聘会，与不想排长队的我不期而遇，他也不知道脑子里哪根筋搭错了，竟然拿着我那份全无金融相关工作经验的简历啧啧赞叹起来：

“不错！好！你看，三级 CFA 都考过了，很不简单！”

我后来才知道，瑞克自己刚刚考过了 CFA 二级，因此对我大有惺惺相惜之意，在夸我的同时，瑞克也对自己的工作做出了肯定。颇为投机的几分钟交谈之后，瑞克告诉我，他是代表利率（即债券相关产品）交易部门来招人的，会再和我联系安排面试。他边说边用铅笔在我的简历上注明“高盛实习生”，然后收进了一个文件夹里。

那一晚，我辗转难眠。鲁西银行……利率交易……我有些心潮澎湃了。

3。鲁西银行

伯克利的同学弗兰克听说我要去鲁西银行面试，莫名惊诧：

“你疯了。放着好好的高盛不去，跑到一家商－业－银行面试。”老弗特意把“商业”拖得很长，以表示对这种自甘堕落行为的鄙夷。他自己已经定好去雷曼工作，人还没进华尔街，就开始看不起“非纯种”投资银行了。

如果老弗能听懂，我一定会搬出“燕雀鸿鹄”的理论予以回击。我告诉他：为了进交易这行，我宁可去买卖五花肉期货（pork belly futures）！

很显然，一个学完金融工程却甘愿去卖五花肉的人是无可救药的。老弗摇了摇头，放弃了对我的挽救。

※

第一位面试官马克，手下管着长期利率交易方面的四五个组，算个大头儿。他进屋之前顺手牵羊拿了盒沙拉。这原是给我们面试学生准备的午饭，多了一些，让以占便宜为职业的交易员看见，自然不会放过。

马克有了免费午餐，看上去心情不错。问了些我的背景情况，脸上的笑容渐渐消退。我知道，肯定是嫌我没有金融方面的工作经验。

“我没有其他问题了。你有什么要问的吗？”马克的意思很明显，他准备结束这场面试了。

“听说您最近被选为‘四十岁以下华尔街新星’之一，能讲讲您的成功经历吗？”

千穿万穿，马屁不穿。我来之前做过功课，知道这位马克有些名气。

马克赞许地看了看我，然后叹了一口气，做凝视远方状，显然，思绪已经回到了从前。

“那时候，我很年轻，工作很努力。第一年放单飞，我就赚了 500 万美元。虽然奖金只有 5 万美元，但我觉得自己是世界上最高兴的人……”

很显然，马克对员工的期望就是：一年给他赚 500 万美元，自己只拿 5 万美元，还高兴得上窜下跳。

痛忆革命家史之后，马克结束了对我的面试。我知道，马屁虽然拍得不错，他对我恐怕还是没什么兴趣。

第二位面试官是利率掉期（interest rate swap）交易员。此公大概已经吃过了午饭，但这并不妨碍他拿一个免费苹果——吃白食好像是交易员的共同爱好。“苹果先生”出了几道数学题，一边看着我奋笔演算，一边翘着二郎腿吃苹果。我的回答中规中矩，“苹果先生”的态度不咸不淡。看起来还是没戏。

第三位面试官挺年轻，鼓鼓的眼睛、红扑扑的脸蛋，朴实得有些乡气，活脱脱是钱钟书笔下《围城》里那位刚离开法国乡下到上海租界当差的警察。

哦，法国人。我赶忙满脸堆笑地打招呼：

“笨猪！”（Bon Jour，法语：白天好。）

“笨猪！”“警察先生”回敬了一句。相互恭维之后，面试正式开始。原来“警察先生”乃青年才俊，已经官居数量金融研究部门主管，听我自称是学金融工程的，便随手出了几个“不算很难”的题目考量一下我的真实武功。这回我李鬼遇上李逵，汗水涔涔而下。几个回合下来，我已头大如斗，只有听着“警察先生”的法式英语讲解，似懂非懂，连连点头的份儿。我终于明白了：他不是笨猪，我才是。

三个面试下来，感觉一塌糊涂，希望全化作了失望。想想自己老大不小，尚不知何时能打入华尔街，不禁悲从中来。正是：空有拜将封侯志，怎奈鬓边华发生；千里马不遇伯乐，俞伯牙难逢知音！

※

就在这时，门吱扭一声开了，一个短小精悍的身影飘然而入。握手寒暄之后，得知此人名叫文森，乃市政债券交易部门的主管，他手里没拿免费食品，倒不像交易员。文森看上去有几分艺术家气质，我于是投石问路，顺着艺术话题试探了几句。果然，他的业余爱好是在教堂演奏管风琴！我连忙客串粉丝，时而击节赞叹，时而恍然大悟，听文森侃了五分钟音乐。这一来局面打开了，文森对我颇有相见恨晚之感。

进入正题，了解些基本情况后，文森似乎不经意地问道："你觉得，作为一名交易员应该具备哪些素质呢？"

我心中一凛，希望的火苗死灰复燃。这个问题不用准备，我平时最爱研究交易理论，可称熟读兵法，多年在股票、期货、外汇市场搏杀，也算身经百战。我于是定了定心，从容答道：

"我认为一个成功的交易员应该具备三点素质。第一，必须理解、控制风险。有位明星交易员说过：'你无法控制回报，但可以控制风险。'这话我完全赞同。只要把风险控制在可以承受的范围内，就永远不会输光出局，就自然能等到收获高回报的那一天。所谓风险，不光是数学意义上定量的风险。正如飞行员不能只看仪表，更要靠眼睛和经验来驾驶飞机一样，优秀的交易员不能只看数学模型，还要多观察，依靠经验和嗅觉来避开危险。"

文森微微点了点头。

"第二，成功的交易员必须拥有强大的自我约束力。总结经验不难，制定正确的战略战术也不难。真正的难点，在于千军万马之中，矢石交攻之际，依然保持冷静的头脑，克制冲动，按既定交易规则行事。

"第三，成功的交易员必须勤于观察，善于学习，长于变通。市场在不停地变化，刻舟求剑的人终究会被淘汰。与其预测市场，不如观察市场、倾听市场。随着市场演变及时修正战术，方能立于不败之地。"

文森对我的回答很满意。时间已经超过规定的半小时，我心中的希望渐渐聚积。终于，他问道：

"你愿意来市政债券交易组工作吗？"

我先狂喜，随即有了得陇望蜀之心：市政债券不是最热门的领域，最时髦的是次级贷款、信用衍生产品和奇异利率产品。要不要再等个更好的机会？可是，过了这个村，未必有下个店。再说，市政债券总比五花肉强……两秒钟以内，我权衡利弊，做出了决定：

"I do."（我愿意。）

轻舟已过万重山。

※

最后一个面试官临时换成了文森小组的资深交易员罗杰。罗杰在中西部长大，芝加哥大学MBA，身上没有交易员常见的粗鄙之气，倒有几分老派绅士的风度。

他告诉我，自己以前是高盛市政债券部门的自营交易员——在高盛工作过，是华尔街人最无法保守的秘密。半年前罗杰跳槽来到鲁西银行，与文森联手，他负责现货债券，文森负责衍生产品，近来摊子越铺越大，需要找个帮手。

两位高盛“知青”在“山沟”里相遇，颇有几分他乡遇故知的亲切，面试也行云流水，罗杰问的都是些考察对固定收益市场是否理解的问题，正是我的拿手强项。我又顺便把话题引向预先准备过的利率曲线模型，第N次阐述了自己的深刻理解。这方面罗杰略懂一些，但不了解细节，对我的讲说很感兴趣，并直言市政债券交易组需要一个能和数量研究部门沟通的人，我很合适。伯克利学的那点东西毕竟有些用处：做不动研究，至少还能当当翻译。

※

第二天，马克打来电话，邀请我再去第二轮面试，言谈话语之间态度热络了不少。这一轮的面试平淡无奇，见了几个交易员、销售和风险控制人员。与其说是被面试，倒不如说是我借机打听点鲁西银行的情况。我知道，这些面试官不会和我为难，又不是他们自己招人，没必要那么认真，要是给我难堪，没准会得罪文森。

几天之后，我收到了鲁西银行的正式聘书。我看了好几遍，终于确定职位是在利率交易部的市政债券交易组。那种梦想成真的感觉无法用语言形容，此时距离我被定性为“需要过很多年他们才有可能让你碰钱”六个月时间。

高盛这边，大约也看出了些端倪。领导把我叫进小黑屋，语重心长地对我说，高盛肯定想留我，如果对“不明飞行物”不感兴趣，别处也有机会，他们已为我安排了和其他几个策略研究组见面。

我虽感动，无奈去意已坚。出于礼节，和那几个组谈了谈，倒是学了不少东西。上次就想要我但被“截胡”的固定收益策略部门再次发出了邀请，负责的女主管——又是一位普林斯顿博士，30 多岁就当上合伙人的高盛大牛，还亲自带我参观。

在最先进的航空母舰上当参谋固然好，但我真正的理想是成为一名飞行员，在碧海蓝天建功立业。面对高盛伸出的橄榄枝，我想起了 80 年代的一首流行歌曲：

你到我身边，

带着微笑，

也带来了我的烦恼，

我的心中，早已有个她……

哎～她比你先到！

4。宇宙的中心

2006年4月，我进入鲁西银行集团在纽约的投资银行部门，成为一名市政债券交易员，如愿以偿地在交易楼层（trading floor）拥有了自己的席位。如果将投资银行比作航空母舰，那交易楼层就是繁忙的飞行甲板了。在自恋的华尔街人眼中，它简直可以称为宇宙的中心（center of the universe）。不过在外人看来，交易楼层大概就和农贸市场差不多，读者不妨想象一下：把农贸市场里一排排的摊位换成一排排的工作台，把摊上摆放的蔬菜瓜果换成大大小小的电脑屏幕和电话，再将高声叫卖的摊贩换成大声喧哗的交易员和销售人员，交易楼层基本就是这个样子。

刚到交易楼层的我简直像刘姥姥进了大观园，当然我比刘姥姥神气，因为咱有自己的“摊位”：四台平板显示器成弧状从前方将我包围，各色闪烁跳动的数据、图线扑面而至，使我有置身星球大战指挥中心的幻觉。面前是一部长方形、上面有很多按键和无数红灯绿灯的奇怪电话，旁边还有个像收音机似的盒子，里面时而传出分析师对市场数据的解说，时而传出交易人员不知所云的黑话。四周的同事们似乎个个都很忙碌，大部分都在电话上：有的对着话筒，发出类似“张军长！张军长！请看在党国的份上拉兄弟一把！”式的绝望呼喊，也有的带着耳机，如《潜伏》中余则成般深沉地收听记录着“深海呼叫峨眉峰”这样的重要讯息。再看看周围，墙上每隔几米就有一台平板大电视，播放着即时财经新闻，另外一边的柱子上是同时显示着全球各金融中心城市当地时间的大电子钟，似乎在提醒着人们鲁西银行触角遍及世界的国际金融大章鱼地位。

与一般写字楼不同，交易楼层上办公室很少，除了某些级别很高的大老板，大家都在一排排的“摊位”前工作。负责所有长期利率交易的马克就坐在我前面一排，他是这一带最大的老板，也有着与其身份相符的最大嗓门。只见他忽然站起来，向着我身后大喊一声：

“John, offer me four-hundred U-six!”（约翰，400 手 2006 年 9 月到期的 Eurodollar 利率期货，报个卖价！）

一秒钟后，那个和马克隔了两排的交易员约翰大声回叫：“Sixty eight and half!”（94.685, 对应利率为 100%–94.685%= 5.315%。）

“Done!”（成交）马克大喝一声，一笔短期利率每变化一个基点（0.01%）即输赢 1 万美元的交易就此完成。

※

也许有的读者会问，马克为什么要和本公司的交易员做交易呢？这是因为通常交易员各自负责不同的产品，职责是为自己的交易账簿（trading book）创造利润，在需要用国债、衍生产品等对冲风险时，交易员一般会找本公司有关交易部门，以保证“肥水不流外人田”。

投行交易部门按照金融产品大类分为固定收益、股票、外汇和大宗商品。我所在的固定收益部负责各类债券和相关的衍生产品交易，在很多投行都是最重要的盈利（或亏损）部门。固定收益部下属的各交易组（trading desk）分别负责美国国债、政府部门债券、房贷抵押债券、市政债券、企业债券，以及各类衍生产品。

美国国债（treasuries）是世界上信用风险最低、交易量最大、流动性最好的债券种类。美国国债的买家中，海外投资者，特别是各国中央银行和主权国家基金占了相当大的比例。投资者之所以青睐美国国债，一是因为信用风险低；二是因为市场容量大；三是因为变现容易。庞大而流动性极强的美国国债市场不但为美国施行货币、财政政策提供了广阔空间，也为其他种类的债券提供了利率基准，间接巩固了华尔街的国际金融中心地位。

政府部门债券（agency debt）主要指房利美（Fannie Mae）和房地美（Freddie Mac）发行的债券。两房的职能是为美国老百姓买房子提供贷款便利，它们通过直接从银行手中购买住房贷款和提供贷款保险等方式为房贷市场提供资金。由于投资者认为两房有美国政府的隐性担保，所以它们的债券融资成本比信用最好的银行还低，这就使两房有条件用“便宜借来的钱”为老百姓提供低息住房贷款。但两房的盲目逐利行为也为金融危机起了推波助澜的作用，最终美国政府不得不出手援救，这是后话，此处先按下不表。

房贷抵押债券（mortgage backed securities）是各类房贷打包债券的总称。过去银行必须用存款和自有资本支持按揭业务，贷款总量因此受到限制，阻碍了房地产市场的发展。为解决这个问题，华尔街设计了房贷抵押债券，将多个房贷打包，然后把扣除管理费后的利息和本金收入转交给投资者。银行从债主变成中间人，住房贷款的融资渠道大大拓宽，降低了按揭利率，为美国的房价大牛市打下了基础。房贷抵押担保债券的模式被华尔街移植，用于打包其他金融产品，推动了金融创新的发展，也为次贷危机种下了远因。

市政债券（municipal bonds）是美国州、县各级地方政府，供水、供电、高速公路等公用设施管理机构，以及大学、医院等非营利机构发行的债券。美国是联邦制国家，地方政府有相当大的独立性，联邦政府无权对地方政府所发债券征税。另外，政府为扶持非营利机构，也给予它们的某些债券等同地方政府债券的优惠税收待遇。购买市政债券，利息收入可以免缴最高可达近

50% 的联邦和地方所得税，因此富人和想省税的企业是市政债券的主要买家。

企业债（corporate bonds）顾名思义当然就是私营企业发行的债券，按照信用评级，又分为投资级债券（investment grade bonds）和高收益债券（high yield bonds），后者也称垃圾债券（junk bonds）。投资级债券是穆迪评级在 Baa3 以上，标普评级在 BBB- 以上的债券，信用风险相对较小，发行者一般为运营情况良好、负债比重不太高的成熟稳定型企业。而垃圾债券的发行公司通常有运营问题，或是负债比重较高，这类债券信用风险高，收益波动大，从交易的角度讲有时更像股票而非债券。

在这些基础产品之上，华尔街设计了各式各样的衍生产品，为投资者和实体经济参与者提供对冲避险，或者投机的工具。比如最常见的 LIBOR 利率掉期（interest rate swap），就是一手收取（或支付）基于银行间短期相互拆借利率（LIBOR）的浮动利息，另一手支付（或收取）固定利息的合约，为双方提供转换浮动、固定利息的工具。举个例子，某公司从商业银行取得浮动利率贷款，购买飞机以固定年租的方式租赁给航空公司以期赚取利差，那么这个公司的盈亏就会由于利率变化而大幅波动，甚至导致破产。为消除这样不必要的利率风险，该公司可以与投资银行做一个掉期合约，将浮动利率贷款转化成固定利率贷款，使负债和营收两方面的利率风险契合对冲，大大降低整个公司的运营风险。

坊间流传一种说法：金融衍生产品是“零和游戏”，不产生任何价值，所以就是赌博，是华尔街骗钱的工具。这其实是一种似是而非的片面观点。衍生产品只是工具，就像一把菜刀，可以用它切牛肉，也可以用它切手指，全看使用者如何运用。衍生产品的正面作用在于：一方面使企业等实体经济参与者能够有效规避金融风险，专注于最擅长的“本业”，以促进经济的整体效率；另一方面使投资者能灵活管理金融风险，大胆投资，以降低实体经济的资金成本。比如航空公司可以用原油期货、外汇远期合约（FX forwards）和利率掉期来规避油价、汇率和利率风险，专心做好航班管理、客户服务等最拿手的事情，并从中获利。不难看出，企业参与衍生产品市场的王道在于避险，让投资银行赚点小钱也没关系，相当于把管理金融风险的工作“外包”给专业人士，企业本身则可以通过专注于本业，以及优化资本结构、增加金融杠杆来提高整体利润率（关于这点下节将进一步分析）。如果企业贪图交易利润，用衍生工具进行投机，那就走上了邪路：和投资银行、对冲基金玩零和游戏，业余打职业，当然要吃亏。中航油在航空燃油市场的5亿美元交易亏损、中国国储局在铜矿市场的2亿美元交易亏损，都是近年的实例。

投资银行中的交易部门除了按照负责产品分成交易小组，还可以按交易性质分为自营交易（proprietary trading）和做市交易（flow trading, market making）两大类。自营交易就是用银行的自有资金押宝赚钱，不直接与客户打交道，类似投行内部的对冲基金。做市交易是为客户提供流动性，以期赚取差价（bid-offer spread），这是投行交易部门的最基本职能。做市交易员的职责是为客户提供有竞争力的报价，并管理好交易账簿的风险。比如交易员对某国债的报价是买价100，卖价100$\frac{1}{32}$，这时正好有两个客户，一个要买1 000万美元该国债，一个要卖1 000万美元，那么交易员就可毫无风险地赚进1/32的差价，总计3 000多美元。如果只有买家客户，没有卖家，交易员就面临选择：可以立刻到市场上买回1 000万美元国债平仓，但这样做可能赚不到钱；也可以用其他国债对冲风险；甚至可以短期投机，赌该国债不会涨，等待卖家客户出现，或是市价下跌后再平仓。

显然，投行的客户交易越多，做市交易就越容易赚钱，负责拉客户的是销售（sales）。每个销售都专职负责一些客户，为他们提供研究报告、市场信息，有时还扮演“军师”的角色，千方百计促成客户和本投行做交易。当然，请客吃饭、陪人消遣这类拉关系的事也少不了。销售和交易员之间的关系微妙，双方都以某种方式从交易利润中提成，利益关系处理不好就可能发生冲突。此外，销售的业绩评估通常更强调带来了多少交易机会，而不是交易员究竟赚不赚钱，所以他们有时会帮助客户压交易员的价。协调交易员与销售的关系，让双方都保持干劲，往往是件让管理者费神的事。

鲁西银行在美国是“外来户”，根不深，客户关系比起高盛、花旗这样的“地头龙”稍逊一筹。但该银行的优势是钱多，信用评级高，资金成本低，适合自营交易，在投行纷纷用自有资本投资获利的2006年，扩展自营交易就成了鲁西银行的发展方向。我所在的市政债券组创立不久，没有专职的销售人员，客户交易不多，以自营交易为主。

※

刚当上交易员的我每天怀着兴奋的心情到“农贸市场”上班，一上来做的都是诸如核对风险报告、输入交易、计算当日盈亏之类的辅助性工作。文森还交给我一个特殊任务：盯住会议室。在我们的座位附近有一个玻璃围起来的会议室，经常有穿戴整齐的外来人士和本公司人员开会，若是午饭时间，会有三明治、饮料之类的午餐提供。大约西装革履、需要保持仪态的人饭量比较小，这些免费午餐都有大量剩余，当会议结束后，交易员们会放下手中的活计，将三明治一抢而光。文森让我盯住会议室，就是要取先发之利，以“动如脱兔”之姿，赶在别人之前将午餐拿到手。开始我很奇怪，为什么这些玩大钱、挣大钱的交易人员会对免费午餐如此热衷，后来我渐渐明白，这是一种职业习惯，或者说是交易员应具有的素质：脸皮薄，不爱占便宜的人是当不好交易员的，连文森这样浑身艺术家气质的交易员也未能幸免，只有罗杰对免费午餐不屑一顾，坚持自己买饭，算是个异数。

文森负责衍生产品，他主要在银行间市场（inter-dealer market）做交易，不太打电话，通常直接对着面前的一个盒子喊话。各投资银行之间相互交易的市场叫作银行间市场，其作用主要是转移风险，例如某个银行接了一单大生意，但是一时无法通过与其他客户交易来对冲掉所有风险，那么这个银行的交易员就可能到相关的银行间市场做些反向交易，把风险释放到其他银行。投资银行相互间是竞争关系，通常不愿意在成交之前向对方暴露身份，所以一般不直接打交道，而是通过银行间交易中介（inter-dealer broker）匿名询价报价。中介公司的利润很高，一笔交易收费动辄几千上万美元，因此它们也最舍得花钱，比如为投行客户安装不需拨号的直线电话。文森面前的“广播盒子”里面就通着几条这样的直线，三个中介时不时地报着最新市场价格，也为嘈杂的交易楼层交响曲贡献着音符。

罗杰负责现货债券，全部是自营交易，打交道的包括华尔街各大投行和一些地方性的中小券商，总共有近20家。每个券商都有固定的销售人员和我们联系，主要是推销一级市场的新发债券和促成二级市场交易。这些人每天都要打来无数的电话，经常是几条线的来电红灯一起亮，罗杰接不过来，就让我帮他接。这接线生的活儿可不好干，尤其让我头大的是：十几个销售中竟然有六个都叫克里斯（Chris）！每位来电话都是：“嗨，这是克里斯！”我初来乍到，“听音辨人”的武功还没练成，只能怯生生地问：“你是哪家公司的？”问多了几次，某些克里斯还显得很不耐烦。拜托！克里斯又不是克林顿，重名的多了，我怎么知道您是哪路神仙？

分不清名字还在其次，更发愁的是听不明白他们说什么。这些销售讲话都特别快，还都是黑话。一个典型的电话是这样的：

“Hi, this is Chris. We are fifty-five fifty with a client on five million Salts fives of thirty-five. Clear.”（嗨，这是克里斯。我们五十五，五十，和一个客户关于五百万咸盐，五和三十五，清楚。）

遇到这种情况，我只能无助地转向罗杰：“杰哥，这啥黑话，咋整？！”

还好罗杰是个有耐心的人，在他的指点下我渐渐弄明白了那些行话的含义。比如上面那个电话的实际意思是：“关于 500 万亚利桑那州咸水河工程债券，票面利率 5%，到期时间 2035 年，我们买方出价 4.55% 收益率，客户卖方报价 4.50% 收益率，双方均不让价。”言外之意，你想买卖的话现在可以插一腿了。

※

新交易员要取得代表公司做交易的资格，首先需要通过“第七系列”（Series 7）和“第六十三系列”（Series 63）考试，前者涉及证券法规、客户交易等方方面面，后者涵盖地方性法规，都是选择题考试，答对 70% 就算过关。新员工只有三次机会，过不了就得走人。好赌的交易销售人员经常用某人的考试分数打赌，有的还做起了“买价 75，卖价 80”之类的“做市交易”。我的考试成绩本来是牛派赚钱的大好时机，但由于全体做多，没人赢到钱。好像没费什么力气，我“第七系列”就考了个罕见的

95%，这使我一度对自己产生了怀疑：为什么数学研究做不动，标准化考试却总是取得变态高分？难道真是“高分低能”吗？一番反思之后，我悟出了其中的道理：数学追求的是绝对完美，看似简单不过的哥德巴赫猜想、庞加莱定理，能让数学家们花费上百年的时间，所以这一行不适合我。高盛的策略部门需要的是金光闪闪的资历、权威的话语权，这工作也不适合我。做交易员倒是和参加标准化考试颇有类似之处：两者都需要反应快，在有限的时间内迅速分析大量信息，然后综合各方面情况，做出未必最佳，但是“较佳”的选择。和考试学生一样，交易员也有机会根据自己的“分数”调整策略，以利再战。

我为终于找到了适合自己的职业感到无比振奋：脱离了21点和得州扑克的“业余赌场”，进入了华尔街“职业赌场”，用老舍先生《茶馆》里的话说：“咱不抽大烟了，改抽白面儿了！”

5。杜邦公式

2006 年，我们市政债券交易组的业绩顺风满帆，基本上每个月都有几百万美元进账。看着地里的“庄稼”蹭蹭往上长，文森和罗杰两个“老农”乐开了花——他们可是有提成的。就连我这个刚入行，只挣点工分口粮的学徒也喜滋滋的，憧憬着自己当上老农的那一天。

也许读者会问，就三个交易员守着几台电脑和几部电话，怎么能赚那么多钱？投资银行到底做的是什么买卖，能这样“点石成金”？大体说来，投行的利润来源主要有以下几项。首先是传统业务，包括承销股票和债券、公司并购、做市交易、证券经纪、帮助客户理财等等。20 世纪 80 年代之后，随着资产证券化的发展，投资银行逐步介入向实体经济提供资金，然后将信贷打包卖给投资者的业务，比如上一节提到的房贷抵押债券，这就是所谓的“影子银行体系”（shadow banking system），后文还将详细介绍。近十几年，在宽松的货币政策和繁荣的资本市场的吸引下，投资银行越来越多地从事利用自有资金投资获利的行为，前文提到的高盛“一鱼三吃”策略、鲁西银行扩展自营交易的方针，都是实例。

为了便于读者了解投行的经营模式和业务发展的大致脉络，我们不妨通过一个基于实际的虚拟剧本，看看“超盛证券”是如何围绕创造利润、提高净资产回报率的主轴发展业务的。

※

地点：超盛证券，华尔街老牌投资银行

人物：牛老大：超盛首席执行官（CEO）

猪哥靓：高级顾问，军师

关西铁：负责投资银行部（Investment Banking）

柯户多：负责资本市场部（Capital Markets）

常达包：负责资产证券化与结构化产品（Securitization and Structured Products）

郝大丹：负责自主投资、自营交易（Principal Investment and Proprietary Trading）

栾亚宝、孟哲来：交易员，危机前离开超盛，自己开了对冲基金

钱聪聪：交易员，危机中离开超盛，跳槽到紫金朵对冲基金

第一幕：镀金时代

却说牛老大荣升超盛证券首席执行官，董事会给的任务是：为股东创造回报。牛总的业绩评估将以净资产回报率（return on equity，ROE）为主要标准。

股东在过去叫“东家”，是企业的拥有者，老总是给股东打工的，以前叫“掌柜”。东家投资当然是为了赚钱，所以“净资产回报率”应该是掌柜牛总奋斗的重要目标。5%如何呢？这和国债收益差不多，股东也不用开公司了，直接买国债更省心。所以牛总的目标应该是10%～15%，这不是一个能轻易达到的指标，于是牛总找来了军师猪哥靓。

猪哥数学系出身，但学艺不精，拿手的只有算术。算术学家猪哥在纸上写下了一个简单公式，为牛总揭示了ROE背后的深刻道理。

杜邦公式（DuPont Formula）：

ROE = 净利润 / 股东权益（net profit / equity）

= (净利润/销售收入) × (销售收入/总资产) × (总资产/股东权益)

(net profit / sales) × (sales / assets) × (assets / equity)

= 销售利润率 × 资产周转率 × 财务杠杆比率

(profit margin) × (asset turnover) × (financial leverage)

猪哥进一步分析，要想让超盛的ROE达标，就得从杜邦公式指出的三个方面想办法，首先要抓销售利润率。显然，一本万利的买卖最好，比如微软，人家玩的是高科技，又占据市场垄断地位，所以一张成本5块的软件光盘就敢卖5 000，利润率惊人。不妨把依靠销售利润率提高ROE的方法称为“微软模式”。当然，叫“中国移动模式”也很贴切（注：此处采其大旨，暂不区分净利润和毛利润）。

牛总一听恍然大悟，马上找来投行部负责人关西铁和资本市场部负责人柯户多，向他们布置了任务。在老关的领导下，超盛猛做股票发行、公司并购等传统融资业务，这些都是靠人脉、靠人才，不需多少资本而油水丰厚的“微软模式”业务。在老柯的指挥下，超盛大量承销债券，做市交易也红红火火，客户们你来我往，超盛风险不大却获利甚多，这也符合“微软模式”。

依靠传统投行和交易业务，超盛很是风光了一阵子，但竞争越来越激烈，老关和老柯都抱怨市场趋于饱和，牛总不得不寻找新的增长点，于是他又找来了猪哥靓。猪哥分析，超盛得从杜邦公式的第二项上想办法，提高资产周转率。在企业界，薄利多销的零售业是这种模式的典型。零售业的核心是让资产“转起来”，大量进货，大量出货，周期越短越好。不妨将这种依靠资产周转率提高ROE的方法称为“沃尔玛模式”。人们在生活中会注意到，商场里的服装一旦过季，通常会大幅减价，在美国更是如此。有经验的店员应该向顾客解释：本店正依照杜邦公式，努力提高资产周转率呢！

听完猪哥的分析，牛总豁然开朗。经研究，超盛决定进军资产证券化和结构化产品市场，牛总以重金从另一家投行挖角，聘请了业界大拿常达包和他的核心团队。在老常的带领下，超盛大量购入普通住房贷款、次级贷款、商业楼宇贷款、垃圾债券、银行信贷、信用卡债、车贷等等，利用本公司资产负债平衡表（Balance Sheet）暂时“存货”（warehousing），然后打包做成各式各样的资产担保证券（ABS）、担保债务凭证（CDO）卖给投资者。这一来，超盛变成了生产证券化、结构化产品的流水线，超盛的资产转起来了，ROE 也上去了，只有一个小问题，常达包团队的产品不是全都好卖，特别是一些没有评级，或评级较低的债券，不容易找到买家。最后牛总拍板，为保证“流水线”不停工，超盛自己把这些卖不掉的打包债券买下来，让明星交易员钱聪聪管理，尽量对冲风险。牛总心想，反正房价一直涨，问题不大，说不定还能赚一笔。

超盛按“沃尔玛模式”做起了资产打包流水线的生意，ROE 更上一层楼，达到了 15%。此时整个华尔街都很火，尤其是那些对冲基金，个个年回报率百分之好几十。超盛交易员栾亚宝、孟哲来辞职自己开了对冲基金，专买超盛打包产品，都成了街上的大款，据说收入远远超过了牛总。董事会坐不住了，提高了牛总的指标：ROE 争取 20%，向对冲基金看齐！

牛总找军师猪哥靓商议，猪哥极富哲理地指出：想要对冲基金的回报，超盛就得成为对冲基金。对冲基金，特别是债券类基金最基本的盈利模式，就是用对冲控制风险，然后通过金融杠杆提高利润率。这种靠杜邦公式第三项“财务杠杆比率”提高 ROE 的方法，可称为“华尔街模式”。精通算术的猪哥举了个例子：某债券只有区区 5% 的年收益率，很不起眼，可是如果能用 3% 的年利率融资，自有资本 1 美元，借款 19 美元，用 20 倍杠杆，那么回报率就能达到惊人的 43%，扣除工资奖金等各项支出，留给股东的 ROE 还能超过 20%！何况 20 倍杠杆不算高，只能说才起步，人家美林、贝尔斯登都 30 多倍呢！

牛总顿时明白了，马上拍板，按“华尔街模式”走，把负责自主投资和自营交易的郝大丹官升一级，让他招兵买马。连栾亚宝、孟哲来这样的混混都敢开对冲基金，超盛当然能做得更好！

在管理层的支持下，郝大丹重拳出击，大量购进资产，扩大交易规模，超盛的杠杆比率很快达到了 30 倍。靠着自主投资和自营交易的大笔利润，包括很多尚未兑现的纸上利润，超盛的 ROE 一举越过 20%。年底到了，牛总率众头领大碗喝酒、大块吃肉、大秤分金，好不快活！喽罗们也都分些散碎银子，在寒风中喝上两碗肉汤暖和暖和。只有负责投行部的关西铁略感失落：咱超盛这百年老店，响当当的华尔街“白鞋”投行，咋越来越像对冲基金了捏？！（欲知超盛证券在金融危机中的命运，请看第 10 节中第二幕。）

※

从超盛证券的故事，可以看出金融危机前十几年间投资银行业务发展的大致线索。天下熙熙，皆为利来，天下攘攘，皆为利往，投行之所以不断推动包括次贷在内的新产品，不断扩大自主投资和自营交易规模，都是受自身利益驱动，也是被同业竞争“逼”的：每个银行的“牛总”头上都套着ROE的紧箍咒，都有一本难念的经啊！

非但投行，其他发达国家大型企业的经营也往往围绕着杜邦公式所揭示的提高销售利润率、增加资产周转率和控制利用财务杠杆的主轴展开。在一个充分竞争、趋于饱和的成熟市场，“微软模式”和“沃尔玛模式”在一定阶段都会遇到瓶颈，如何妥善使用“华尔街模式”往往成为企业做大做强的关键性因素。这就不难理解，为什么国际大企业的高管层中很多人出身金融财务领域。其实上至整个国家经济的层面，都能看到“华尔街模式”的踪影：例如美国，众所周知，海外投资者拥有大量美国资产，实际上美国对海外也有大量投资。有趣的是，外国对美国的投资约有2/3为债权类，比如中国持有的美国国债，而美国对海外的投资则有2/3为股权类，比如通用汽车在中国的投资。可以说美国就像一个巨大的对冲基金，利用别人的低息资本发展自己的企业。

中国改革开放30多年来，依靠理顺所有权关系和人民自身的勤劳，经济发展取得了举世瞩目的成就。但是，我国经济依然处于资本利用效率低下的市场经济初级阶段，前几年的一份研究报告指出，中国经济的整体ROE只有5%左右，远低于发达国家水平。老百姓辛苦储蓄的资本没有被有效使用，环境污染严重，钢厂重复建设等都和整体经济的资本配置不合理有关。中国人不可能永远过“干活多，挣钱少”的日子，中国企业也必须摆脱单纯依靠廉价劳动力、生产微利产品的模式。在走向与发达国家全面竞争的过程中，我们无法回避“华尔街模式”，必须学会合理配置资本，有效管理风险，掌握国际资本市场的游戏规则。为达到这一目的，银行体系的改革、资本市场的发展，以及金融财务人才的储备，都是值得国家管理者深思的问题。

“华尔街模式”的诀窍在于“适度”，所谓过犹不及，金融危机前的美国，就是典型的“过了”。在格林斯潘主导下，美联储用低利率应付互联网泡沫和“9·11”事件之后的经济问题，也确实一度带来房地产市场的荣景。但是长期的低利率造成流动性过剩（票子印得太多了），使大量资本在实体经济中找不到回报适当的出路，只能以包括次贷在内的各种方式涌入资本市场。流动性大潮使得金融产品的收益率不断降低，在这种情况下，使用金融杠杆就成了提高资本回报率的最直接快捷的方式。这好比传销，只要网络还在扩大，先进场的人就能从后进场的人手中赚钱。于是对冲基金蜂拥而起，投行自营交易如火如荼，种类越来越多、式样越来越花的“金融创新”产品吸引着投资者以各种方式参加资本传销的游戏。然而，在繁荣的表象背后正孕育着巨大的危机，诚如天宝年间的盛世不过是安史之乱的前奏而已。

※

身处2006年镀金时代中的华尔街精英们，很少有人想得那么远，即使“明年”都是遥远而缺少意义的：明年，还未必在这家银行干呢。大家都在为今年年底的奖金奋斗，努力在今年给公司多赚点钱，金融杠杆自然是不可或缺的工具。

每月盈利数百万美元的鲁西银行市政债券交易组，就是“华尔街模式”的范例。我们管理的债券头寸（position）高达10亿美元，用来买债券的钱绝大部分是借来的，最普通的融资方式是短期抵押回购，通常为隔夜拆借。在这种合约中，借钱的一方把债券卖给放贷的一方，并承诺一天后用包含利息的略高价格买回来。回购借贷方式因为有抵押品，信用风险小，所以利率常常比短期国债还低，是最便宜的融资方式。放贷方一般为货币市场基金、企业财务部门等“有暂时不用的闲钱”的投资者，而借贷方通常为使用金融杠杆的投行、对冲基金等，它们可以每天“滚动借款”（roll financing）融资，直到将债券卖掉为止。每个回购合约的具体条款都是双方讨价还价的结果，放贷方为了保险，会依据借贷方信用好坏、抵押资产的风险程度等要求借贷方提供“折减”（haircut），比如说用价值100美元的资产抵押只能借款95美元，这样即使借贷方违约，放贷方也有比较大的把握保本。

回购市场是投资银行资金链上非常重要的一环，以鲁西银行为例，自有资本数百亿美元，用于交易的只是其中一部分，而一个市政债券组就有超过10亿美元的头寸，这样的交易组鲁西银行在世界各地有很多，显然必须借钱维持经营，而且必须尽量依靠融资成本最低的回购市场。鲁西银行是信用好的大银行，回购借款利息低、折减少，有利于使用金融杠杆。也许有的读者会问：如果回购市场放贷方的投资者忽然拒绝提供贷款，或是提高利息，要求更多折减会怎么样呢？答案是：您已经在十分超前地考虑金融危机中的问题了。

回购的模式被华尔街推广，创造出各种结构化短期融资产品，比如SIV（structured investment vehicle），市政债券特有的TOB（tender option bond）等等。由于美联储的低息政策，这些短期融资的利率相当低，华尔街用借来的钱投资收益高的长期债券，或是有一定信用风险的债券，借机获取利差。以市政债券组为例，假设总头寸为10亿美元，如果债券收益和融资成本间有1%的利差，那一年就是1 000万美元；要是这10亿美元的盘子再买进卖出“转”上一遍，平均每笔赚个1%，就又是1 000万美元。别忘了，我们买债券的钱绝大部分是借的，使用银行资本不过千万美元左右，ROE（此处为毛利润率）是惊人的百分之几百。从杜邦公式的角度看，提高利润率的“微软模式”和增加周转速度的“沃尔玛模式”对我们固然重要，但起决定性作用的还是“华尔街模式”的高杠杆！

金融杠杆是把双刃剑，对亏损一样放大：如果资产回报率是-1%，那可就是亏好几千万。所以做杠杆投资的交易员无不绞尽脑汁考虑如何对冲风险，比如我们组通常会用掉期（swap）控制利率风险，这样从理论上讲不管利率如何变化，债券和掉期的盈亏都会大部分冲销。

为什么一定要对冲呢？如果只是担心风险，“赌注”小点不就行了吗？这是个十分微妙的问题。在第 1 节中，我们曾经讨论过 21 点游戏的缺点：输赢波动太大，所以不能下大赌注。许多金融投资工具也存在类似问题，比如美国股市的长期复合平均年回报率约为 7%，但波动性很大，因此不能多用杠杆，否则赶上熊市本钱就赔光了。对冲的目的就是要“改造”这些“赢面大，但波动性强”的游戏。假设某对冲基金发明了一种“熊亏”交易法，平均年回报率为 -3%，乍一看很可笑，赔钱的事谁愿意干？可如果“熊亏法”能极好地冲销做多股市的风险呢？假设二者一起使用平均年回报率只有 3%，但波动性很低，此时加上 10 倍、20 倍的杠杆，总回报率岂非远远超过单买股票的 7%？对冲手段就是以损失部分资产回报率为代价，降低波动性，然后加大杠杆提高利润率！说来说去，还是杜邦公式！

可见，对冲和杠杆其实是孪生姊妹。对冲基金经理们和自营交易员们绝非善男信女，他们搞对冲可不是因为胆小，而是要在风险和金融杠杆之间走钢丝，借以取得高回报。很明显，这是个“高技术”的买卖，各投行、基金为在竞争中取得优势，从数量模型到电脑程序的军备竞赛不断升级，交易和研究人员中也越来越多地出现了数学家、物理学家和火箭工程师的身影。

在市政债券组，就数我数学最好——咱毕竟曾经站在数学殿堂门口向里面张望过，因此我负责设计对冲方案。在数量研究部门的协助下，我做了大量数据分析，测算了各种衍生产品的对冲参数，还设计出根据相对价值调整投资组合结构的模型。市政债券组这架“战机”在精密的雷达仪表帮助下平稳飞行，利润源源不断，我心中也很有几分成就感。

理工科出身的人由于所受训练关系，常常不自觉地抱有“万物皆有其一定规律”的看法，譬如用开普勒定律可以准确测算行星轨道，那么金融市场也必然受某些“定律”支配，摸清了这些规律就可以无往而不胜。的确，2006年的市场在科学家们的支配下似乎变得越来越“乖”了：市场参与者都有类似的思维方式、差不多的模型，而且不断有新参与者加入，所有人都用大同小异的方法，如雨后春笋般的对冲基金和自营交易组们当然会把市场推向模型指引的方向。然而，行星没有感情，人有，今年的贪婪在明年就可能转为恐惧，亘古不变的“市场开普勒定律”是不存在的。

2006年，主导市场的是“贪婪”：投资者都在挖空心思争取高一点的回报。华尔街当然不会错过这样的机会，于是各种衍生产品大行其道，很多都是包装好的杠杆投资工具。比如信用风险掉期（credit default swap，CDS），它是一种保约，甲方定期向乙方交纳保费，被投保的企业如果出现信用违约（粗略说就是付不出利息，还不出本金），那么乙方赔偿甲方损失。CDS的设计初衷是为了转移信用风险，但后来却越来越多地被用来投机。为迎合需求，投资银行又发明了“信用风险指数掉期”（CDX），这是一篮子掉期合约，投资者可以同时押宝很多公司的信用风险。由信用较好的投资级（investment grade）公司组成的CDX IG指数，在大批投资者卖保险的压力下，保费越来越低，只有每年几十个基点（百分之零点几），表示投资者乐观地预估CDX IG指数涵盖的100多家企业中平均每年只有约1家出现信用违约。

※

作为一线交易员，那段时间我明显感觉竞争激烈，赚钱越来越难。我们组有些衍生产品客户交易，鲁西银行在美国的客户关系不行，少有独家承包的“肥活儿”，大都是公开竞价的生意。文森的主要精力在“自留地”上，对于客户交易“种公田”兴趣不大，所以经常交给我练手。参加公开竞价的大部分是外国银行，它们不像高盛、大摩那样有好客户，吃不上肥肉，就跑到竞价市场争骨头，抢市场份额。

激烈的竞争把利润率压得很薄，每次竞价，我都要小心翼翼地检查模型，核对交易参数，等着销售大喊“We are live!”（实时竞价开始！），然后提心吊胆地报出价格。短暂的等待后，最怕听到的就是“We won!”（我们赢了！），我总会本能地担心是弄错了价格才赢的，一定会马上问销售：“What’s the cover?”（和第二名差多少？），如果不到半个基点，才能松口气。即便是成功的交易，利润也通常不到一个基点，就是说一笔面额1 000万美元、期限10年的掉期交易，最多只能挣七八千美元，扣除销售的提成（sales credit）和对冲风险的开销，交易员能不赔钱就不错了。所以那时我最愿意当第二名（cover bid），这样既显得我作为一个新人能报出有竞争力的价格，又不必真做赔本赚吆喝的生意，实为最佳结果。

客户交易上赚不了大钱，我们只能从自营盘上想办法，最简单的还是增加头寸，多用杠杆！整个华尔街都面临利润越来越薄的问题，都在扩大交易规模，结果是国债与其他债券间的利差越来越小，各类金融产品的风险溢价（risk premium）越来越低。这个波澜不惊的市场有时令我觉得很无聊，层出不穷的各种衍生产品真的能让风险分散，真的能让金融市场摆脱大起大落的循环吗？

CDX IG指数每天都在33～40基点的狭窄区间内摆动，企业破产的事情以后大概是不会常有了。看起来经济会一直繁荣，房价会一直上涨，美国和整个西方世界会一直沿着自由资本主义的康庄大道前进。

6。永不凋谢的花朵

美国人的思维，比较偏向直线型：对于未来的发展趋势，他们往往会把今天的荣景无限延伸，或许几百年来的历史让美国人习惯了“明天会更好”。而中国人对趋势的看法，则偏向于周期：经历了数千年的王朝更迭，盛衰交替，“分久必合，合久必分”的逻辑已经融入我们的民族记忆。2006 年的金融市场，歌舞升平，好日子似乎看不到头，但我心中隐然觉得：

乱世，总有一天会回来。

近 20 年间，美国金融市场曾经数次被推到乱世边缘。最著名的一次，是 1998 年的长期资本对冲基金（long term capital management，LTCM）危机。关于 LTCM 的兴衰史，作家列文斯坦（Roger Lowenstein）在《天才失手》（*When Genius Failed*）一书中有详细记录。这本书我读过很多遍，因为我相信：

历史往往惊人地相似。

※

创立于1993年的LTCM，与华尔街鼎鼎大名的所罗门兄弟公司渊源深厚。20世纪80年代，所罗门公司创建了房贷抵押担保债券市场，开启了资产证券化的新时代，该公司还率先展开了大规模套利交易（arbitrage）。LTCM的核心人员，就是长期担任所罗门公司套利交易部主管的麦瑞威瑟（John Meriwether）率领的一群交易员。所谓套利交易，严格意义上说应该是完全没有风险却可以获利的交易，这种机会毕竟很少，所以实际中的套利交易以风险较小的价差交易（spread trade）居多。在价差交易中，投资者买进一种金融产品，同时卖空另一种金融产品，只要两种产品的价差变化符合预期就能赚钱。比如套利交易员看到30年国债的收益比29年国债的收益少了10个基点，就可能按比例购入29年国债，放空30年国债（债券收益率和价格反向变化），这样不管两种国债价格如何变动，只要它们的利差缩小，套利交易就能赚钱。10个基点（0.10%）不算多，怎样把小钱变成大钱呢？读者现在应该很熟悉债券交易的套路了：用杠杆呗！

价差交易中的“买一边，卖一边”，实际上是一种对冲，把“水涨船都高，水落船都低”的宏观市场因素过滤掉，剩下的是两条船的相对起伏。上节讨论过，对冲的真正目的并非避险，而是要用杠杆获取高利润！20世纪80年代，在大部分专业投资者还把全部精力用于分析价格涨跌的时候，所罗门公司的套利交易员们却悄然运用对冲+杠杆的新思维看待市场。和得州扑克一样，首先掌握一种新游戏秘诀的人最容易赚钱——拥有先发之利的所罗门公司在套利交易上的年利润以上亿美元计。

麦瑞威瑟率领的团队把套利交易的成功模式搬到了 LTCM。如果说这些明星交易员还称不上“天才”的话，请看 LTCM 的其他成员：斯科尔斯（Myron Scholes）和莫顿（Robert Merton）是金融学界两位泰斗级的人物，他们在期权定价理论上做出过开创性工作，并以此获得 1997 年诺贝尔经济学奖；曾任哈佛大学教授的慕林斯（David Mullins）还担任过美联储副主席。

明星荟萃的 LTCM 没有让投资者失望，前三年就取得了累计 200% 以上的回报率。更惊人的是，这只基金的波动性很小，盈利差不多按照固定速率攀升——或许天才们真的发现了“金融行星”运动的规律！然而成功也有副作用：越来越多的投行和对冲基金效法 LTCM 开始涉足套利交易。各路山寨版 LTCM 用的模型都差不多，做的交易也都差不多，这固然将市场推向了天才们所预期的方向，但也带来了一个问题：价差越来越小，以后怎么赚钱呢？读者们当然知道答案：多用杠杆呗！

为维持利润率，LTCM 确实大大增加了杠杆：1998 年初，净值不到 50 亿美元的 LTCM 已经拥有 1 200 多亿美元资产，杠杆率达到约 25 倍，这还不包括大量未计入的衍生产品。高杠杆并未使 LTCM 的天才们过分担心，他们更愿意相信自己的数学模型，有谁能不相信斯科尔斯们和莫顿们的模型呢？期权定价的布莱克－斯科尔斯－莫顿公式（Black-Scholes-Merton formula）可是衍生金融领域的“牛顿定律”呀！

只是，牛顿研究的是没有感情的自然界天体，而斯科尔斯和莫顿研究的是受贪婪和恐惧支配的人类金融市场。牛顿说过：“我可以计算行星的轨道，却无法计算人们的疯狂。”他老人家无疑是正确的。

1998 年春天，经济转型遭遇挫折的俄罗斯开始出现信用问题的苗头，但西方世界的主流观点不相信俄罗斯政府债券会出现问题：一个拥有核武器的前超级大国怎么可能宣布破产呢？至少俄罗斯政府以本国货币卢布发行的债券绝对不会有问题，实在不行政府还可以多印钞票还债嘛。然而主流们忽略了一点：俄罗斯是一个惯于使世人惊奇的国家。对于阻挡过拿破仑、打败过希特勒、建立过第一个社会主义国家的俄罗斯人来说，没有什么是不能干或不敢干的：1998 年 8 月，俄罗斯政府宣布：卢布贬值，政府债券重组。国际金融市场的第一反应是自我安慰，一种“俄罗斯经济规模不大，与国际市场联系不紧密”的逻辑暂时居于上风。但投资者很快意识到：如果俄罗斯政府都能宣布破产，那这世界上还有什么是不可能的呢？于是俄罗斯“八月革命”一声炮响，各路国际金融游资纷纷卷款逃命。

恐慌迅速从俄罗斯债券相关市场蔓延到股市、汇市、债市等，投资者除了最安全的现金和美国国债什么都不要，疯狂抛售其他资产，杠杆投资者更是纷纷减仓，降低杠杆以求自保。一片相互践踏的狼藉中，只有一个巨人木然不动：LTCM。上千亿美元的资产、上万亿美元面额的衍生产品，你叫它怎么平仓？

LTCM 的大部分价差交易，本质上都是在赌某些小概率事件不会发生，就好比说百年一遇的洪水今年不会来。如果洪水真来了，LTCM 的损失应该也有限，因为它的风险分散在很多理论上相互关联很小的交易里：总不至于又是洪水、又是地震、又是飓风、又是陨石坠落吧？用统计数据可以研究这些自然现象间的相互关联，金融学家也用类似的办法分析金融产品间的价格走向关系。那么如何解释近乎随机的价格上下波动呢？金融学家们依然从科学中寻找灵感，用解释分子随机运动的“布朗运动”（Brownian motion）量化市场价格的随机部分。布朗运动简而言之就是一个分子向前运动，每一步可以向左前方 45 度，也可以向右前方 45 度，完全随机，这样最终分子的位置符合正态分布。我们不必深究数学细节，只需知道这意味着分子“跑到离中线太远的位置”的可能性极小。由此可知，斯科尔斯们和莫顿们以布朗运动为基础的模型也会得出类似结论：随机运动的金融产品价格跑到离“正常值”很远地方的可能性也极小。LTCM 的价差交易，基本上是在赌各种“金融分子”不会跑到离“正常值”太远的地方。即便某个分子“不乖”也没大问题，因为历史数据告诉天才们这些“金融分子”相互间的关联性不大，“同时不乖”的可能性微乎其微。

这些看似天衣无缝的模型却有一个致命漏洞：人不是各自随机运动的分子，而是相互影响的社会动物。当危机来临时，所有人会同时挤向出口，所有“金融分子”会朝同一个方向运动，金融产品间的相互关联性会变成1（完全关联），“洪水”、“地震”、“飓风”完全可能一起发生！

当俄罗斯债券危机引发的金融海啸铺天盖地袭来的时候，LTCM已经没办法撤退了，它的仓位太大。那些曾经将市场推向模型所指方向的山寨版LTCM们，现在起到了完全相反的作用：它们的狼狈撤退把市场推往LTCM期望的反向。金融市场上的秃鹫们也似乎嗅到了垂死巨人的血腥，纷纷开仓和LTCM方向相反的交易，以期在该基金被逼平仓时大捞一笔。越来越大的损失很快将LTCM的净值拖到10亿美元以下，杠杆率推高到100倍以上！提供回购贷款和其他短期融资的投资者们面对突然增大的信用风险，纷纷企图撤资。赖以生存的资金链就要断了，LTCM只能坐以待毙。

但是华尔街不能承受LTCM崩盘，这个对冲基金太大，如果其上千亿美元的资产被抛售，上万亿美元的衍生品违约，那倒下的就不只是LTCM了。关键时刻，在美联储协调下，华尔街众投行共同出资36亿美元，联手买下LTCM 90%的权益。见到“硬手”接盘，金融秃鹫们飞走了，LTCM的资金链也得以保全。美联储的紧急降息措施帮助市场逐步回归正常，各类金融产品间的价差最终还是向模型指示的“正常区域”回归，只不过用模型进行套利交易的天才们，没能坚持到革命胜利的那一天。

LTCM危机实际上是一次预演。花了这么多篇幅讲这个故事，是为了说明一个道理：秦人不暇自哀，而后人哀之；后人哀之而不鉴之，亦使后人而复哀后人也。

※

古语云：国之将亡，必有妖孽。2006 年秋天，一直波澜不惊的市场开始有动静了。

9 月的一天清晨，我来到公司，照例打开彭博终端（Bloomberg Terminal），一条特大新闻滑过眼帘：Amaranth 对冲基金在天然气交易上损失 60 亿美元。

Amaranth 这个词出自希腊语，意为“永不凋谢的花朵”。花朵基金的创立者起这样的名字，足见其翼望“赌运长久”之心。开张没几年的花朵基金，曾经是一朵怒放的鲜花，净值高达 90 亿美元，远超当年的 LTCM。该基金一度的亮丽业绩离不开天然气交易员亨特（Brian Hunter），这位业界翻云覆雨的人物赚钱的绝招当然就是：“用对冲控制风险，然后杠杆放大！”

从交易的角度讲，天然气是十分古怪的东西，它不易运输，难以储存，因此建立在现货、期货和不同市场间套利交易基础上的传统定价模型统统用不上。天然气的需求也很难预测，很多美国家庭用它取暖，所以天然气需求和天气关系紧密；此外，开关容易但成本较高的天然气发电厂也会随着用电量变化开启关闭，这又给天然气需求增加了变数。总之，天然气市场复杂多变，又用不上经典模型，因此交易员所能倚仗的往往只有直觉和经验。

我的老板文森就曾是一名成功的天然气交易员，据其自称十余年间从来没有过年度亏损。文森的交易原则是：赚钱第二，保命第一，永远跟风。跑得快、会跟风的文森能赚钱，但当不了英雄，想当英雄得像花朵基金的亨特那样，决不后退一步，有电影里的赌王般把所有筹码一起押上的气魄。

2005年，亨特中了头彩：8月下旬的卡特里娜飓风对美国南部集中于墨西哥湾附近的石油和天然气生产加工设施造成了很大破坏，天然气价格猛涨，花朵基金赚了个盆满钵满。2006年，亨特为了再续辉煌，开始大举做多2007年和2008年3月份的天然气，做空这两年4月份的。我百思不得其解，他怎么能提前半年预计天然气需求在临近两个月间的变化？估计亨特尽想着杠杆交易可能带来的高利润，随便用点什么历史数据“算了一卦”，就把宝押上了。这已经走火入魔，很有点“辟邪剑法”的味道了。

这两年的三四月份天然气的价差并未像亨特预计的那样扩大，反而越来越小。赌王亨特以一夫当关的气概，押上了更多筹码，企图依靠花朵基金90亿美元的庞大资金硬把市场扳过来。这一招通常很管用，在横刀立马的亨大将军面前，反向押注的玩家应该会知难而退，各路山寨英雄们也会加入亨特阵营，搭一趟顺风车。可是这一次市场竟然没有反转，价差还是不断缩小。花朵基金巨额损失的小道消息不胫而走，山寨们见势不妙赶快撤了，金融秃鹫们闻着血腥而至，纷纷开仓“墙倒众人推”的反向交易。一如当年的LTCM，盘子大到无法平仓的花朵基金面前只有两条路：坐以待毙，或者寻找买家。

买家有，价格当然很糟。出价的摩根大通（JPMorgan Chase）和城堡基金本来就是金融秃鹫！走投无路的花朵基金没有讨价还价的余地，只能低价将天然气头寸转手。见到“硬手”接盘，秃鹫们飞走了，山寨们回来了，摩根大通和城堡基金踏着枯萎的花瓣，大发横财。

※

关于这个史上最大的对冲基金崩盘事件幕后的深层原因，至今仍然是一个谜。据笔者看来，首先花朵基金的名字就没起好。过去在我国北方民间，小孩子通常都取“小石头”之类极为普通的名字，据说这样比较好养活。像“永不凋谢的花朵”这样妖艳凄美的名字，引起金融阎王爷注意，一笔就勾了去。所以计划开办对冲基金的有志青年们应该注意，还是取名“铁蛋基金”、“狗剩基金”之类比较稳妥。

八卦的原因以外，花朵基金崩盘很可能与市场上流动性减少有直接关系。从 2004 年 6 月到 2006 年 6 月的两年间，美联储连续 17 次加息，作为短期利率标杆的联邦基金利率（Fed funds rate）从 1.00% 升至 5.25%。当流动性的潮水渐渐退去，海中的礁石就会露出来，譬如孤军突进的亨特大侠。通常情况下，各种与 LTCM 相似的套利交易者会将价格控制在距“正常值”不远处，花朵基金的天然气价差交易也是在赌“正常”。但是套利交易需要资金，需要能借钱用杠杆，当流动性减少时就不可避免地受到影响。套利交易者一收缩，警察少了，价格就会变得不正常起来。此时追随花朵基金的山寨们一撤，亨大侠忽然发现自己背着一个甩不掉的大包袱独自裸奔，然后金融秃鹫闻腥而至，花朵基金也就只能凋谢了。

这里还有一个问题，为什么要等到美联储开始加息两年多之后，市场上的流动性才开始减少呢？这涉及银行体系的运作方式。决定流动性总量的两个因素：基础货币发行量和货币杠杆，分别由中央银行和银行业控制。

美联储掌握着发行美元货币（印钞票）的权力，它向银行购买证券不需要花“钱”，只需出具一张“电子白条”（Federal Reserve credit）。这电子白条其实就是货币，因为银行可以随时把它转换成“美联储票据”（Federal Reserve note），就是俗称美元的那些绿票子。当美联储认为经济中流动性太少的时候，就会用“电子白条”从市场上买进证券，于是流通中的货币就多了，利息也会下降，这就是通常所说的“美联储降息”的机制。反之，当美联储认为经济中货币过多的时候，会出售证券，回笼货币，调高利息。所以负责投票决定利率政策的美联储委员会官称“公开市场委员会”（Open Market Committee），因为利率政策主要是通过公开市场买卖证券完成的。

基础货币不是流动性的全部，银行业的借贷行为可以将基础货币放大，转化为经济中的流动性。举个例子，美联储从 A 银行购买债券，把1亿美元货币投放市场，如果A银行不把这笔钱贷出去，那1个亿就是1个亿；如果A银行把1亿美元贷给甲公司，用来从乙公司购买设备，乙公司把钱存进B银行，接着把钱贷给丙公司，用来从丁公司购买设备……如此循环往复，在没有限制的情况下这1亿美元可以通过银行体系无限放大，这就是所谓的“货币乘数”（money multiplier）。当然实际的银行体系有准备金（reserve）限制，比如100美元存款最多只能贷出90美元，等于给货币乘数规定了上限，调整准备金比例也是中央银行宏观调控的一种方式。

在准备金规定的范围之内，银行还是有多贷、少贷和不贷的权力，这就为流动性总量带来了很大变数。更何况，随着金融市场发展，一个缺乏监管的影子银行体系日渐庞大。比如前文介绍过的回购市场，投资者购买债券相当于银行发放贷款，而回购融资则相当于银行吸纳存款，这个影子银行不受银行准备金和资本充足率规定的限制，它的资本率（折减，haircut）由借贷双方通过市场决定，可以是1%，也可以是20%。再比如次贷市场，它在投资者和购房者之间建立了一道信贷流通的纽带，完全代替了传统银行在房贷市场的作用。

影子银行的出现本来是件好事，可以起到促进资本流通，降低实体经济资金成本的作用。但是由于缺乏监管，尤其是缺乏不同行业、不同国家间的协调监管，影子银行体系这颗树越长越歪。一心逐利的华尔街很大程度上把它变成了在各种监管体系和会计原则间做套利交易的工具。比如商业银行为了绕开贷款准备金规定，可以通过资本市场从事类似吸存放贷业务；某类投资方式在美国受到严格监管，就把它挪到百慕大去；直接投资某类证券有限制，就用衍生产品代替，凡此种种，不一而足。

很明显，这个传统银行和影子银行搅在一起的体系对基础货币的乘数放大倍数相当程度上取决于投资者的“风险胃口”（risk appetite）。在美联储开始加息的前两年里，“贪婪”依然是市场的主导因素，一心想着回报率的投资者和银行业还在积极地把钱借出去，还在增加杠杆，这在短时间内会导致流动性总量不跌反升。但是控制“水源”的美联储以及各国中央银行把“阀门”越拧越紧，市场毕竟还是感受到了压力，一些见机比较快的投资者开始撤退，流动性开始减少。

由此看来，花朵基金崩盘就未必是孤立事件了。一方面，金融体系中的杠杆雪球已经滚得很大；另一方面，在美联储连续17次加息之后，流动性终于开始退潮。慢慢拉紧的资金链条即将在最脆弱的一环崩开，滚滚钱流撑起的金融盛世已经接近尾声了。

第二章 次贷危机

渔阳鼙鼓动地来，惊破霓裳羽衣曲。

《长恨歌》

7。连环计

2006年年底的一天，我在聚会上遇到了伯克利的同学帕文。他有个令人艳羡的工作：在雷曼兄弟公司从事次贷交易。老同学见面，聊得分外投机，自然而然谈到了彼此部门的业绩。我十分自豪地报出了市政债券组的数千万美元盈利，然后听到了帕文部门的数字：10亿美元左右。我目瞪口呆，觉得自己像个贫下中农。

猛人帕文交易的次级贷款到底是个什么东西，能为投资银行带来以十亿美元计的利润呢？这还要从美国的房贷市场谈起。传统上，银行只提供住房按揭给信用记录好、有稳定收入和还款能力的购房者，而且还需要20%左右首付，这样银行承担的信用风险比较低。前文介绍过的房利美和房地美，则借助美国政府的隐性担保低息融资，然后以购买房贷、提供保险等方式将低利率转移给购房者。这些经过严格审查、有一定首付、符合两房保险标准的房贷统称为“优级房贷”（prime mortgage）。在此基础上，华尔街又创造了房贷抵押担保债券，将房贷打包出售给投资者，拓宽了住房贷款的融资渠道，进一步降低了按揭利率。

这是一个非常成功的模式，既为老百姓买房子提供了便利，也为银行和投资者创造了机会，可以说是金融创新的典范。美国人很自然地试图把这个成功模式延伸，用以帮助低收入群体购房。这涉及缩小贫富差距、促进种族平等的"政治问题"，因此政府大力扶持，监管也比较宽松。次级贷款市场应运而生，而且一度被认为是具有正面社会意义的创新，无论民主党还是共和党，都把次贷看成实现"居者有其屋"竞选口号的工具。国会曾数次通过法案，鼓励银行向低收入购房者贷款，政府还以税收优惠、政治压力等方法，"威逼利诱"两房购买大量借给低收入者的房贷，包括次贷。

具体说来，次贷的借款者可能因为拿不出首付、信用记录较差，或没有稳定收入等原因而不符合优级贷款的借贷标准。次级贷款的利息虽然比较高，毕竟能让这些人买上房子，而且当借款者的经济状况改善，或房子升值时，他们还可以通过借新贷提前还旧贷的方式，降低按揭利率。

为了适应次贷借款者有限的还款能力，银行特别设计了各类浮动利率和变化利率贷款。它们的共同特点是前几年利息低，月供比较少，借款者完全能负担，而在优惠期过后，利率和月供将大幅提高。对于这些房贷明显的延迟信用风险，无论银行还是贷款者都并不特别担心，因为美国房价一直在涨。举个例子，某人想买10万美元的房子，但拿不出头款，于是找银行借了前三年低月供的10万美元次贷。三年过后，房子涨到了15万美元，这位买房者可以很容易地借一笔10万美元的新贷款，把原来的次贷还掉，而且因为房子价值高出新贷款5万美元，相当于首付，所以新贷款很可能是较低固定利率的优级贷款。这位买房者甚至可以借个12万美元的新贷款，用多余的2万美元搞搞装修、买买彩电音响什么的，这就是所谓的“提现再贷款”（cash out refinancing）。可见，只要房价一直涨，借次贷不仅能买上房，还能“发财”，很多低收入者经不起这样的诱惑，都被忽悠着借了次贷。明眼的读者大概已经看出来了，低首付的次贷实际上是一种杠杆比率很高的金融杠杆！借次贷买房和对冲基金借钱买资产并无本质区别。原来买不起房的低收入者，借助次贷摇身一变都成“对冲基金经理”了！

※

但是受信用风险问题影响，次贷市场在很长时间内资金来源有限，发展缓慢。从投资者的角度看，单个的次级贷款由于借款人信用较差，完全可能发生违约，为了每年多挣个百分之几的利息去冒损失百分之几十资本金的风险，实在很划不来。一个缺乏投资者需求的市场自然不容易发展，不仅次贷有这个问题，其他诸如垃圾债券、小额银行贷款等高风险金融产品也都因为大部分投资者不愿冒险而被资金来源有限的问题所困扰。怎么办呢？华尔街尽是聪明之士，有人便想出一条妙计……

如果把很多个次级贷款放在一起会怎么样呢？总不至于所有的借款人都不还钱吧？通过研究大量历史数据，不难估算出某类借款人违约的概率，比如说5%，根据经济好坏等因素再有些上下浮动。这样，投资银行里聪明的谋士们就将本来难以估计的单个次贷风险数量化了。下一步是把聚合一处的次级贷款结构化，做成打包债券，分成高、中、初不同层级卖给投资人，比如说三种层级分别占总面额的90%，7%和3%。出现违约，初级债券先"兜着"，如果那3%赔光了还不够，中级债券再顶上去，只有等到初、中级的10%都赔完了，高级债券才开始承受损失。看上去高级债券的风险很小，完全有资格获得评级机构的AAA评级，可以把它们卖给保守的退休基金和保险公司等投资者，只要利息比同类评级的普通债券高些就行了。风险大，但可能有超高回报的初级债券可以卖给对冲基金、投行自营交易部门等"专业赌徒"，反正他们有的是办法，完全可能利用各种衍生产品对冲风险套利。至于不上不下的中级债券倒是有点难办，但也不必太担心，华尔街有的是关系，投行有的是会忽悠的销售，市场上有的是懒得多想的投资管理人，尤其是那些管的不是自己的钱又不拿提成的。实在有一小部分初、中级债券卖不掉，发行打包债券的投行自己留着就是了。

如此一来，本来乏人问津的次贷忽然变成了抢手货。想保险的买高级债，想发财的买初级债，缺心眼的买中级债，胆大胆小都可以玩儿，广大投资者各得其所，都来参与"华尔街百家乐"。

开“赌场”的众投行赚了个盆满钵满，还找来一批理论家为结构化信用产品这项伟大的新发明上纲上线。理论家们指出，由于华尔街的杰出贡献，投资者们终于可以摆脱买卖各种具体证券的蒙昧时代，进入交易“风险”的崭新世纪了。风险这个本来人人害怕的东西，忽然可以随着各种结构化产品或分或合，忽聚忽散，变成了与“回报”同义的人见人爱的香饽饽。一只只随时可能翻船的次级贷款、垃圾债券，被华尔街用结构化的巨索连在一起，变成了永远不会沉没的“金融泰坦尼克”。

有似曾相识的感觉吗？这分明就是《三国演义》里的连环计！

北军不习水战，江上风浪颠簸，曹操一筹莫展。庞统献连环计，曹军将战船连锁，人马如履平地。操横槊赋诗，谓天下已定。周瑜一把大火，八十三万曹军樯橹灰飞烟灭。

其实，并非没有人看到华尔街的金融连锁战船有遭到“火攻”的可能，学术界将之称为“系统性风险”（systematic risk）或者“传染效应”（contagion effect）。但是，“连环计”的捍卫者们振振有词：什么风险分散了，对冲工具增加了，投资者变聪明了……最最重要的是，只要房价不跌，就不会出现大面积住房贷款违约，各种结构化金融产品也就都“固若金汤”。而其时美国经济一片荣景，房价又怎么会跌？

是啊，隆冬时节，哪里来的东风？

本来证券化、结构化产品绝非一无是处，正如少量的吗啡和鸦片可以用来治病一样。可是，沉醉于盛筵的华尔街早已忘记什么是适度的剂量，在巨额利润和大笔奖金的利益驱动下，一波又一波的所谓“金融创新”将“连环计”推向一浪又一浪的新高潮：通过二次结构化，各种基于次贷、企业债、银行贷款的一级结构化产品又被连锁在一起；由于混业经营，以及相互间的交易、保险、回购等关系，商业银行、投资银行、对冲基金和保险公司等机构也被锁在了一起；而日益全球化的金融体系，则将大半个世界的金融战船全都锁钉在了一起！

万事俱备，只欠东风。

※

2006年圣诞季节，纽约街头一片祥和的节日气氛。今年的圣诞歌声似乎格外动听，到处喜气洋洋——华尔街又是一个特大丰收年。高盛、大摩、美林、雷曼和贝尔斯登这五家纯投行的17.3万名员工即将分享360亿美元的特大红包。领头羊高盛的员工们，平均每人的年度工资奖金总收入更将达到创纪录的65.9万美元。如果再加上各商业银行的投行部门、对冲基金以及华尔街外围的律师事务所等等，财富的横流简直快要将纽约城淹没。据说法拉利跑车已经卖脱销了，高档公寓也开始供不应求。飞来横财让银行家、交易员和基金经理们也变得慷慨起来，各式各样的慈善活动成了华尔街名流们显示身份、展现经世济民之心的最佳场所。

似乎没有多少人注意到，在这一派欢乐的节日华彩乐章中，出现了几许不和谐的音符：经过数月高位盘整之后，美国房价出现了十几年来的首次微幅下跌。

风向，已经悄然转变了。

※

2007年年初，关于次贷信用违约比例上升的消息渐渐多了起来。2月，汇丰银行宣布，将次贷资产价格减记（write down）105亿美元，遭受巨额损失的美国子公司是汇丰在2002年收购的家庭信贷公司（Household Finance Corp.）。外国银行想真正打入美国市场，通常需要并购美国本土金融机构，汇丰收购家庭信贷公司一案当年曾广受好评，然而主营次贷业务的家庭信贷公司却最终给汇丰带来巨大损失。

3月，次贷发放市场居第二位的新世纪房贷公司（New Century Financial Co.）因欺诈行为遭到司法部门调查，股价暴跌。像新世纪这样的房贷公司是次贷产业链上负责“销售”的一环，它们的生意是鼓动客户借次贷买房，然后将这些次贷卖给“上线”的投资银行，用做生产打包债券的“原料”，投行则给房贷公司提供用于贷款周转的资金。一般售出的次贷都包含有一定时间以内出现信用问题由房贷公司“包赔”的规定，所以按理房贷公司应该对借贷者严格审查，尽量降低信用风险，这种经过正常审核的次贷并不一定就是“次品”，因为较高的利息应该能弥补较高的风险。但是随着资产证券化的发展，投行对次贷原料需求越来越大，利益驱使下房贷公司的借贷标准也越来越松，各式各样不查信用记录，甚至虚报收入的“骗子贷款”层出不穷。这些问题在房价上涨的时候并不突出，即使贷款违约，坚挺的房价也能保证投资者不受大的损失。然而当房价开始回落的时候，原本掩盖的问题就开始暴露出来了。

新世纪公司所在的加利福尼亚州是房地产泡沫最大、次贷比例最高、房价最先反转的地区之一。曾经借助加州次贷市场一飞冲天的新世纪公司也因此最先由于次贷违约率增加出现亏损和资金困难。投行见势不妙，停止向该公司提供资金。消息传出，市值曾达近 20 亿美元的新世纪公司股价暴跌，被纽约证券交易所摘牌。资金链被掐断的新世纪公司只能申请破产保护。

面对持续不断的次贷问题，资本市场似乎并未显得特别在意。新世纪公司和汇丰旗下的家庭信贷公司只能算华尔街的外围，它们的严重亏损并没有触及银行体系的核心。一种“次贷市场规模不大，次贷问题影响有限”的论调一时成为主流观点，这与 1998 年俄罗斯债券危机初发时金融界的自我安慰之辞何其相像！的确，2007 年初次贷的总量在 13 000 亿美元左右，只占美国房贷市场的约 1/8，不到股市总值的 1/10，而且出现问题的次贷只是一部分，造成的直接损失预计比网络泡沫破裂小得多，这些风险又分散在全世界投资者的手中……次贷这点小风波对庞大的金融战船连锁阵来说，应该只是“晃悠”几下而已。

上节讨论过，美联储连续加息导致的流动性减少是引起房价下跌进而引发次贷问题的重要原因。而流动性的退潮并不是均匀的，投资者从次贷市场撤出的资金被转向别处，反而使得能源、新兴国家等热门市场短期内出现了流动性潮水上涨的趋势。因此2007年上半年的国际金融市场令人眼花缭乱，好像机遇与风险并存，房贷相关领域的投资者确有撤退迹象，但另外一些市场的投资者风险胃口还在增加，杠杆还在提高，这期间的几宗大型杠杆收购案似乎提醒人们金融盛世还在继续。

2007年2月，私募基金巨头黑石集团（Blackstone Group）宣布以390亿美元杠杆收购（leveraged buyout，LBO）房地产大亨泽尔（Sam Zell）旗下拥有众多大城市黄金地段商用楼盘的EOP地产（Equity Office Properties），高调进军商业房地产市场。同月，另一私募基金业巨头KKR集团宣布以450亿美元杠杆收购主营电力和能源业的TXU集团。这些大型并购案仿佛一剂强心针，一时令投资者忘却了次贷的烦恼。

所谓杠杆收购，顾名思义就是用借来的钱收购企业，它和借次贷买房、从回购市场借钱买债券一样，都是使用金融杠杆。当然这些连投行人士都高山仰止的杠杆收购大腕们"境界"要高得多：如果说借"骗子贷款"买房只能算窃钩小贼的话，靠高风险融资收购企业的大腕们就是窃国大盗了。当大盗也得有道行，且看他们如何在金融市场空手套白狼。

杠杆收购的大腕们都是华尔街著名的老江湖，比如黑石集团"掌门人"施瓦茨曼（Steve Schwarzman），他们在金融界人脉广沛、消息灵通，长期积累的信誉让投资者愿意相信他们，银行也愿意借钱给他们。大腕们看中“猎物”后，会先找银行借一大笔钱，加上一部分自有资金，然后开价收购。银行贷款往往只是临时性的“过桥贷款”（bridge loan），一旦收购成功，大腕们会利用被收购公司的信用向市场发售债券，把欠银行的过桥贷款还掉。一番腾挪转换之后，大腕们李代桃僵，反客为主，成了被收购企业的主人，过几年再通过上市、拆分、被并购等方式，把企业以更高的价格卖出去。杠杆收购的回报率通常很高，因为有“杠杆”嘛！银行也十分喜欢杠杆收购业务：当并购顾问先赚一笔，借过桥贷款又赚一笔，承销债券再赚一笔，最后还能伺机与大腕们共同投资，这不正是高盛的“一鱼三吃”策略吗？

由此不难理解，为什么大型杠杆收购案会令投资者信心增强。如果消息最灵通、判断最准确的私募基金和投资银行大腕们还在搞杠杆收购，就意味着市场非但没有问题，反而充满机会！在鲁西银行内部的策略例会上，认为次贷问题乃“疥癣小患”的一派就曾屡次用红火的杠杆收购市场作为论据。实际上不只投行和私募基金，那段时间身为国际金融市场最大“金主”的各国主权基金也屡屡出手，直接或间接参与收购。这些大亨们难道会一起看走眼？

遗憾的是，大亨们确实都看错了，而其中并非没有蛛丝马迹。2007年3月，黑石集团宣布计划上市融资，刚成立的中国主权基金中投公司首度出击，以30亿美元买下黑石9.4%的股权。当时就曾有人指出，玩了一辈子融资的施瓦茨曼忽然要上市“圈钱套现”，是不是他觉得市场已经到顶了？果不其然，黑石股票一路下跌，中投的纸面损失一度超过4/5，算是被狠狠地忽悠了一把。不过螳螂捕蝉，黄雀在后，黑石出巨资收购“地产巴菲特”泽尔旗下的EOP，也不想想玩了一辈子房地产的泽尔为什么肯卖，这一单生意黑石的买进时机恰好是商业地产市场顶点。然而黄雀的背后还站着捕鸟人，漂亮地从地产业全身而退的泽尔，为了过一把媒体大亨瘾，花83亿美元收购了旗下拥有《芝加哥论坛报》和《洛杉矶时报》的论坛媒体集团（Tribune Co.），结果论坛集团因负债过重、经营不善而破产，泽尔弄了一身腥。看来人还是专注于最擅长的本业比较稳妥，自我膨胀往往是要吃亏的。

※

在这个混沌不清的市场里，身处一线的交易员大部分并没有意识到一场空前的危机正悄然逼近。次贷问题和原油价格都似乎是很遥远的事情，大家想的最多的还是如何完成今年的盈利指标。

市政债券组2006年的亮丽业绩使上级大幅提高了我们2007年的利润目标——典型的直线式思维。但钱越来越难赚了，在众多杠杆投资者的压力下，市政债券市场也和其他市场一样：利差越来越小，机会越来越少。一如当年的LTCM，大部分杠杆投资者为保持利润率，都选择了提高杠杆、扩大交易资产范围的办法。

那段时间我经常看王刚主持的《天下收藏》节目：一批真真假假的古董经专家鉴定后，王大侠手持“护宝锤”砸烂赝品，然后阐述“乱世买黄金，盛世兴收藏”的深刻道理——这句话确实深刻，它对金融市场也同样适用。

在流动性充沛的金融盛世中，投资者的风险胃口是逐渐增加的，如同收藏，人们从官窑瓷器到民窑瓷器，最后到稍微沾点古意的猫食盆、狗食碗，追捧的范围越来越广。这种情况下最佳投资策略是领先潮流，向“边疆”开拓，别人还在追梵高、莫奈的时候就开始捧当代画家，别人还在买蓝筹股的时候就开始买小盘股，别人还在买投资级债券的时候就开始买垃圾债券。当流动性退潮进入金融乱世的时候，一切就反过来了，代表“黄金”的现金和国债为王，小盘股、垃圾债券、当代新画家作品很可能跌得最快。因此投资者应切记“乱世买黄金，盛世兴收藏”的道理。盛世中还抱有乱世的恐惧，发不了财；乱世中还带着盛世的幻想，会赔得血本无归。

2007年上半年，市政债券市场的流动性潮水还在上涨，我们为了赚钱也只得随波逐流，扩大“收藏”范围：市政债券组的投资组合本来以“康熙的青花、雍正的斗彩”这类精品为主，到后来猫盆狗碗慢慢多了起来。我也被赋予开拓新领地的任务：负责交易我们组原来不碰的市政住房债券（municipal housing bonds）。上级有非常好的理由：我擅长数学，又有金融工程背景，适合交易复杂的住房债券——不了解真相是多么害人呐！

初出茅庐，跃跃欲试的我搞了些计算现金流和相对价值的模型，就上阵交易了，一开始竟也颇有所获。在交易过程中我和街上的销售们越混越熟，渐渐发现这些人各有特色。就说贝尔斯登的“胡优”吧，此人是老江湖，据说连续多年销售业绩在本公司排名第一，作为胡优的客户，你会不断得到如下暗示：

第一，他很忙。

第二，他消息灵通。

第三，他有很多精辟的见解。

第四，他拿你当朋友，愿意在百忙之中抽出时间和你分享他的灵通消息和精辟见解，所以你最好按照他的意见买卖。

某日，胡优又来电话了。“小渔”，他照例压低声音，一副神秘兮兮的腔调：“你那 1 000 万俄亥俄州住房债券，报价多少？”

“100¼”，我的目标价位其实是 100。

“我的交易员愿意出 99¾，这是非常好的价格。说实在的，我觉得他有点冒了。”

“100¼ 已经是很好的报价了。不过，你最近帮过我好几次，”我一番虚情假意之后，亮出了底牌：“这样吧，100 整，我卖给你。”

“成交！”

哈哈，卖出去了！虽然俄亥俄州债券本身只是持平，但用来对冲的美国国债已经下跌。这边卖出去，那边买回来，净赚 25 000 美元！我睥睨四顾，觉得自己是个天才。

接下来的事情却有点反常。贝尔斯登的债券通常出手很快，但这只俄亥俄州住房债券居然在胡优的彭博卖单中挂了一个多星期。

“你小子，干得不赖！”几星期后的一次饭局中，胡优凑过来，低声和我分享他的秘密：“上次那俄亥俄州债券，我们他妈的差点砸手里，最后甩着卖的。今后我得小心点儿，你这家伙太精！”

一片落叶在眼前滑过，可那时的我，却没有意识到冬天已悄然逼近。首先，1 000 万美元的成功交易才赚 25 000 美元，利润率这样薄，我们只能增加杠杆，但雪球能一直滚下去吗？其次，AAA 评级的俄亥俄州住房债券应该不难卖，贝尔斯登这么多客户，胡优这么大忽悠，最后竟然赔着才出手，说明市政债券投资者也已经开始收缩，“兴收藏”的盛世在我们的市场也快要结束了。

※

所谓当局者迷，2007 年春夏之交，我们组仍然在依照上峰指令扩大资产规模，进军新型债券。此时市政债券市场内部也已经流动性涨跌互现，一方面，房地产类债券的需求有所减少；另一方面，投资者还在追捧各种浮动利率、公式利率的新型债券，美林甚至成功发售了第一只基于市政债券类资产的 CDO。我做了不少现金流模型估算这些新型债券的价值，结果让人直摇头：投资者承受信用风险、放弃期权、牺牲流动性，最后换来的仅仅是区区几十个基点（百分之零点几）的额外收益，这账无论如何也算不过来。我们因此决定与新型债券保持距离。

传统上市政债券市场相当平实，很少有花里胡哨的复杂类型债券。作为卖方的政府机构通常发行固定利率债券，然后用供水、供电等项目的现金流还债，由于市政工程投资周期一般较长，所以融资方式以长期债券为主。而作为买方的投资者以偏于保守的富人居多，他们比较喜欢利率风险小的短期债券。这就造成了市政债券市场的供需不平衡，长期债券供过于求，利率偏高；短期债券求过于供，利率偏低。套利交易者看到这个机会，就一手购买长期债券，一手发行短期票据融资，我们市政债券组的利润相当一部分就来自这种杠杆套利交易。

投资银行为了招揽生意，开始鼓动发行债券的政府机构用类似套利交易的办法节省利息开支：为什么不发行市场需求大的短期浮息债券，同时和投行做一个利率掉期，把负债转化成定息呢？这样政府机构省了钱，投行有了生意，投资者有更多的浮息债券可供选择，三全其美的好事呀！可是这种金融创新好事，后来在投行无休止的推动下也变了味，政府官员本来不是金融内行，管的又不是自己的钱，被华尔街忽悠着做了很多没必要的利率掉期，最后也分不清是为了节省利息还是为了投机，不少发债机构的资本结构都“对冲基金化”了。

实际上，整个美国金融市场都有对冲基金化的趋势：从杠杆收购大腕到市政债券组交易员，从借次贷买房的老百姓到依靠衍生产品节省利息的政府机构，越来越多的市场参与者都以某种形式进行着杠杆交易的游戏。然而，所有杠杆投资者都有一个共同弱点：当流动性退潮时，他们的资金链会同时受到影响。

2007 年初夏的金融市场，“连环计”已将各种投资工具、各类金融机构结成一个庞大的连锁战阵；金融体系中的杠杆已经很高，而流动性正在减少；房价下跌的东风也已刮起。所缺的，只是一把火了。

※

6 月下旬，市场传出消息：贝尔斯登旗下两只与次贷有关的对冲基金出现大量亏损，遭遇融资困难。与家庭信贷公司和新世纪公司的案例不同，本次涉及的是对影子银行体系至关重要的对冲基金和投资银行，这标志着次贷问题终于开始影响到银行体系的核心。

第一只战船烧着了。

8。夏季风暴

出问题的两只贝尔斯登对冲基金规模看上去并不大，总计净值只有16亿美元左右，微软等大公司每天由于股价波动产生的市值变化都经常超过这个数，为什么华尔街会因为这两只基金出现问题而惊恐不已？

原因在于杠杆。两只基金固然只有十几亿美元净值，但它们的总资产保守估计也达数百亿美元，中间的差额全依赖短期融资。只要资产价值下跌百分之几，两只贝尔斯登基金的净资本就会赔光，进而令为其提供短期融资的各大银行遭受损失。如果其他次贷类基金也存在同样问题，那波及的范围将很广。投资银行和对冲基金是控制资本流动的重要枢纽环节，在影子银行体系中居于核心地位，这些起着“承重墙”作用的机构一旦出现问题，整个金融体系的大厦都可能面临坍塌危险！

两只贝尔斯登基金的投资策略其实很简单，它们持有次贷等“原料资产”做出来的打包债券，主要是AAA最高评级的债券，并购买信用保险（CDS）规避打包债券的信用风险，然后杠杆放大。打包债券最吸引投资者的卖点是利率比同类评级的普通债券略高，这略高的利率在扣除融资成本和信用保险成本后，经杠杆放大就成了两位数的可观回报率，也成了对冲基金收取20%盈利提成的金母鸡，多么漂亮的套利交易！

在结构化信用产品刚兴起的时候，这种对冲套利策略确实风险小而获利高。从宏观经济层面看，对冲套利行为促进了资本市场各部分间的资本流动，把资本“水源”从需求过剩的短期债等“涝地”转移到了供给不足的次贷和小额信贷这样的“旱地”，由此而生的“资本推力”对帮助美国摆脱互联网泡沫和“9·11”事件之后的经济衰退起过重要作用。但好事过头就变成了坏事，在长期流动性过剩和越来越多杠杆交易行为的压力下，利差越来越小，套利者们为维持利润，交易策略渐渐变了味。例如，两只贝尔斯登基金为维持利差不再购买全额信用保险，所持有资产的质量也渐渐下降。不难看出，从次贷市场的“骗子贷款”到大腕们的高风险收购，从“收藏猫盆狗碗”的市政债券组到贝尔斯登基金，整个金融体系中都出现了杠杆升高、资产劣化的趋势。

当次贷问题浮出水面，高杆杆+低质量资产就成了致命毒药，两只贝尔斯登基金不但遭到重大损失，而且所持债券的低流动性让它们很难减仓。为其提供资产抵押融资（collateralized loan）的美林、摩根大通等马上慌了神，一致要求贝尔斯登“给个说法”，因为一旦这两只基金的区区16亿美元净值赔完，就该轮到借钱给它的银行了。从法律上讲贝尔斯登可以不管，两只基金虽属于它旗下，但法人关系是分离的。曾经拒不参加营救LTCM、在街上有“不仗义”名声的贝尔斯登老总凯恩（James Cayne）权衡再三，还是决定出手援救，毕竟这回出事的是自家买卖，关乎自家声誉。于是贝尔斯登许诺注资16亿美元，但这对高杠杆的对冲基金来说，也就够打几个水漂而已。现在轮到美林“不仗义”了，宣布将公开拍卖两只基金作为贷款抵押的8亿美元面值CDO债券。

消息一出，街上一片哗然：在下跌的市场公开拍卖烫手山芋，卖出的肯定是跳楼价！本来含有次贷的CDO等结构化债券流动性差，交易很少，所谓的“市值计价”（mark to market）基本上都是估价，次贷问题发生后，很多投资者假装不知道，不承认他们手中的债券市值已经降低。这层“窗户纸”不捅破，本来大家还可以再相安无事一段时间，杠杆投资者们也还可以用高估的资产价值抵押借钱，资金链一时不会有问题；假以时日，也许市场会反转，投资者也有慢慢降低杠杆的机会。可是现在美林要公开拍卖贝尔斯登基金用作贷款抵押的CDO债券，投资者马上要面对最不愿面对的事实：手中结构化债券的真实市场价格。“皇帝的新衣”一揭穿，崩盘的就决不止贝尔斯登两只基金了！

于是有人呼吁美林“大局为重”，但更多的投资者开始试图抢在别人前面先撤退，有的甩卖资产，有的增加CDS对冲，金融秃鹫们也见机出手，落井下石地大举放空各种信用保险。次贷信用指数（subprime ABX）从90以上很快被砸到50多，市场陷入恐慌。位于波士顿的索伍德基金（Sowood Capital）崩盘，损失15亿美元，贝尔斯登的两只“肇事”基金也终于在7月底进入破产状态。

8月9日，法国巴黎银行宣布，旗下三只有关次贷的对冲基金暂时停止接受投资者撤资要求。这条消息为越烧越旺的次贷之火又浇了一桶油。就在一个星期前的巴黎银行季报说明会上，该行老总还信誓旦旦地宣称“次贷问题对巴黎银行影响微乎其微”，现在其所属对冲基金却突然停止投资赎回，很明显是资金链受到威胁。这表示次贷之火已经越过大西洋，在欧洲登陆了！

恐慌迅速蔓延，各种杠杆套利者都面临巨大压力。其中的机理很容易理解：风险容忍度极低的货币市场投资者遇到危机，自然要试图撤资，所有依赖短期融资的杠杆投资者都会受影响。从另一角度分析，同时使用多种策略的杠杆投资者面临资金问题，会以各种方式降低杠杆，次贷资产卖不掉，他们就会抛售其他资产，将恐慌传染到其他市场。

杠杆投资者们无秩序的撤退很快演变成自相践踏的大溃败。别忘了，大家用的模型都差不多，做的交易也都差不多，先逃跑的人会将市场推向模型所指的反面，逼得本来不想逃跑的人也必须减仓。在这样的狼狈撤退中，处境最为艰难的是重仓位的大型基金，平日呼风唤雨的大鳄们现在成了跑不快的笨重大象，高盛旗下的全球阿尔法基金（Global Alpha Fund）就是其中的典型。

阿尔法基金曾是高盛的骄傲，净资产达100亿美元，它的数量模型曾经像“提款机”一样神奇地工作。其实从名字就能看出该基金的“高科技”成分：“阿尔法”是投资界术语，代表超额回报，与之相对应的是“贝塔”（beta），代表系统风险，或者说宏观市场“水涨船高”带来的回报。简而言之，靠“贝塔”赚钱属于撞大运，境界很低；避开系统风险，靠“阿尔法”赚钱才是真功夫。管理高盛阿尔法基金的，就是一群“任市场潮起潮落，我自专心提款”的金融高科技精英。

阿尔法基金的模型算法当然是不传之秘，但从大方向讲，属于相对价值类。研究人员通过分析大量数据找出影响金融产品价格的“风险因子”（risk factor），比如市场因素、市盈率、利率等，然后基金经理们挑选一些金融产品，用对冲手段剔除不想要的风险因子，把宝押在另外一些因子上，从这些因子中提取“阿尔法”（超额回报），再用杠杆放大。本质上这种交易方法是在赌金融产品间价差向历史正常值回归。靠着精准的模型，阿尔法基金在网络泡沫破裂后的几年熊市中一直赚钱，2005年更创下年回报率51%的惊人纪录。该基金负责人卡哈特（Mark Carhart）曾经在2006年5月的一次投资者会议上“狂妄”地宣称：“巴菲特那一套已经过时了。”牛皮刚吹完，阿尔法基金的好运就在2006年夏天戛然而止，此后一年时间竟然累计亏损40%。那些神奇的模型为什么忽然不灵了呢？

答案也许很简单，在美联储连续17次加息后，市场上的流动性在2006年下半年开始出现局部退潮。前面讨论过，当流动性减少的时候，资金链受影响的套利交易者会收缩，市场价格会变得不正常，依靠相对价值模型赌各类价差回归正常的阿尔法基金赔钱再正常不过。这只基金的模型中很可能忽略了一个最重要的“贝塔”：整个市场流动性潮水涨跌的系统性因素！

在2007年夏天之前，流动性的退潮还是缓慢而不均匀的。然而当两只贝尔斯登基金点燃的次贷之火开始迅速蔓延后，一切都忽然改变了。处于影子银行体系核心的投资银行、对冲基金纷纷不惜代价降低杠杆，使得银行体系内某些部分的货币乘数突然减小，流动性出现引力坍缩，许多像阿尔法基金这样走避不及的杠杆投资者都被吸进了旋涡！

※

覆巢之下，安有完卵。我们的市政债券市场，也突然遭遇夏季风暴。

在此先要介绍一下市政债券市场的主要套利交易手段。前面提到过，长期市政债券供过于求，利率偏高，短期市政票据求过于供，利率偏低，对套利交易者而言这是很好的机会：他们可以一手买进长期市政债券拿高利息，另一手发行结构化短期市政票据低息融资，把供求不平衡关系转化成赚取利差的机会。套利者通常还会用利率掉期等衍生品对冲，把债券利率风险转化为基差（basis）风险。我们不必深究细节，只需记住两点：第一，基差变小，套利者就赚钱，反之亦然；第二，基差波动一般比利率波动小得多，便于使用高杠杆。

类似的套利交易还可以通过“市政指数比例掉期”（SIFMA ratio swap）实现。笼统地说，比例掉期是反映市政短期票据和普通短期票据间利率关系的一种衍生产品。美国的最高联邦个人所得税税率和最高企业所得税税率都是35%，所以利息免税的市政票据利率应该是普通票据利率的65%左右，如此不论投资哪种票据，税后利息收入都差不多。实际上也确实如此，比如作为普通票据利率基准的LIBOR指数为5%，那么市政票据基准的SIFMA指数大体就在3.25%左右。

由此延伸出一个掉期市场，比例掉期的合约双方交换的是SIFMA指数和固定比例的LIBOR。如果10年比例掉期的市场价是75，粗略地说就表示市场预估今后10年的平均SIMFA、LIBOR比例约为75%。这种衍生产品的一个有趣特点是：一般年份越长，比例越高，例如5年比例为70，10年为75，而30年则是80。乍一看这是说不通的：难道税率会越来越低吗？美国这么多财政赤字，一般预测税率以后会涨，比例掉期应该越来越低才对呀！

实际上长期比例过高也是市政债券市场供求关系不平衡的反映，并非投资者真的认为税率会越来越低。对套利交易者来说这又是一个很好的机会：如果在75的价位放空10年比例掉期，而今后10年间的实际SIFMA，LIBOR比例受税率制约维持在

65% 左右的话，不就能净赚 10%×LIBOR 的利息吗？如果税率升高，还能赚的更多。

在次贷危机前的几年里，市政债券市场的套利者越来越多，长期债券和对冲间的基差从 150 基点被压缩到 80 基点，30 年比例从 85 降到 74，几乎所有人都在赚钱，这又吸引了更多套利者加入，连一些传统共同基金都开始使用杠杆。我们组 2006 年的利润就是一部分来自基差缩小，一部分来自比例降低，另外一部分来自利息收入和买卖交易盈利。

好几家投行还做起了将放空比例交易打包做成债券的生意，我就为鲁西银行设计过此类中期票据（medium term note），而且销路不错。这些中期票据的浮动利率是用数学公式决定的，其中包含 5 ～ 20 倍的杠杆，只要市政债券市场保持正常，票据的利率就相当高。持有它们的各国投资者高兴地拿着通常很不错的利息，却未必知道自己正在做美国市政债券市场的杠杆套利交易。在华尔街的推动下，全世界人民都“对冲基金经理化”了！

※

理论上说，供求关系和未来税率都是市政债券市场本身的独特因素，与股市和信用风险等宏观市场因素的相互关联性（correlation）很低，形象地说就是地震和飓风应该不会一起来。低关联性吸引了很多对冲基金加入市政债券市场的套利者行列，它们的到来曾经推动基差缩小，比例降低；然而把次贷之火带到市政债券市场的，也正是这些对冲基金。

首先出现异常情况的是文森负责的比例市场。在2007年3—6月间，30年比例几乎定格在73½，上下波动不超过1/2，直到7月中旬，贝尔斯登基金和次贷问题还似乎离我们十分遥远，文森也按计划带着全家到欧洲乡下度假去了，留下我守摊子。也许长期的天然气交易经验令文森本能地直觉某种危险正悄然临近，度假中的他不停地来电询问市场情况，似乎颇为焦虑，然而那时我感觉到的只有兴奋：因为定格了好几个月的比例市场终于开始动了。

74，74½，74¾，75，不过几天时间，30年比例就回到了2月份的水平，我的相对价值模型也显示出过高的信号，交易量相当活跃，我很担心市场会反转，错失放空比例的大好机会。

7月26日，星期四，比例开盘即跳高到75½，中午时分竟然在76的价位上成交了几次。30年比例回到2006年的水平了，相对价值模型显示出非常高的信号，这个数月间只在1/2范围内波动的市场，竟然在几天内上升了2。我的手心开始冒汗，仿佛趴在战壕里的士兵手指颤抖地扣在扳机上，等待着敌人靠近——我准备放空。

前面介绍过，我们组的比例交易主要在银行间市场进行。各投行的交易员通过中介匿名讨价还价，买出价称为“bid”，报卖价称为“offer”，如果按买方出价成交叫做“hit bid”，如果按卖方报价成交叫做“lift offer”，当然双方也可以在某个中间价成交。如果市场上升动能很强，通常会在“offer”（卖方报价）成交，反之亦然。

且说30年比例涨到76之后，开始下跌，连续几次在买方出价成交，然后暂时停在75⅝。应该是见顶了，再不动手可能错失放空机会，我深吸一口气，按下直线电话按键，向三个中介发出指令：

“I can offer 25 million 30 year ratio at 75¾.”（2 500万30年比例，我报卖价75¾。）

我报了比上次成交高⅛的价格，想以此吸引买家还价，以便在略高的位置放空。可是买家竟然没有还价，一分钟不到，广播盒子里就传出中介马丁急促的呼叫：

“You are lifted on 25, counter-party UBS!”（2 500万，按你报的卖价成交，对家是瑞银。）

“OK.”我机械地应了一声。这么快就成交了，我有种怪怪的感觉，仿佛刚跳出战壕就被流弹击中了。

广播盒子里的马丁还在继续：“Brokerage $7 000, they are asking if you want to do another 25?”（中介费7 000美元，对家问要不要再做2 500万？）

“No.”我的感觉更怪了，他们还想做，比例可能会上涨！果然，卖方报价很快就退到了76，直觉告诉我市场上升动能很大，应该立即平仓止损。刚做的这笔交易，比例每变化1就输赢20

万美元，在76平仓会损失5万美元外加中介费。然而我无法接受认输出场的结果，止损就意味着承认自己错了，我的模型也错了，而且短短20分钟就赔掉5万美元，多么愚蠢！

我没有平仓，企盼着第二天会反转。但人是有第六感的，那天晚上我竟然失眠了。自负让我不愿面对现实，宁可抓住“希望”这根稻草，但直觉明白无误地告诉我：市场发出的信号很明显，还会继续涨。这两天我听到过对冲基金正在退出市政债券套利交易的传言，它们会不会是在次贷等别的市场遭到损失，所以急着从还有流动性的比例市场抽身，套现的同时降低杠杆呢？照《天才失手》一书中关于LTCM崩盘前夕的描述，这很有可能！而且不少套利者都重仓放空比例，这几天他们已经遭到很大损失，如果现在“秃鹫”进来推高比例的话，很多人可能要被迫平仓！

果不其然，第二天开盘卖方报价就跳到76¾，我稍一犹豫，已经在卖价成交。这天是星期五，股市狂跌，投资者都在不惜代价向“安全”靠拢，谁知道周末又会有什么坏新闻！我知道必须止损离场了，有赌必有输，但决不能一次丢掉所有的筹码。

30年比例的下一个卖方报价是77¼，几分钟内又损失了10万美元。然而此刻我很明白：逃命的时候不能顾及坛坛罐罐。我按下了直线电话按键：

“Lift that ¼ offer for me, 25 million.”（按报价77¼，我买2 500万。）

一天，一次螳臂当车式的交易，损失30万美元。

对于这次失败的交易，哲学家文森做了一句《论语》级的总结："图表的顶端不是市场的顶端。"（The top of the chart is not the top of the market.）

然后他又作了补充："在动能很强的市场逆潮流而动是十分危险的，不过这学费早晚得交。"

30万美元，够上三遍商学院了。但这学费还没交够。

※

对冲基金从比例市场的仓惶撤退迅速将恐慌传染给了其他市政债券套利者，在比例市场突然跳高的几天后，现货债券的抛售压力也开始增大。熟悉的一幕又上演了：买方出价不停地后退，但是看上去已经很糟糕的出价还是不断地被"hit"，直线下落的价格让越来越多的杠杆投资者面临难以承受的损失，只能被迫减仓。现在我们组为了逐利"过度收藏"的恶果显现出来了，在这样的市场里那些"猫盆狗碗式"的债券是绝对卖不出去的，我们勉强抛售了些"青花瓷"降低杠杆，也只是杯水车薪。更糟糕的是，很快就基本上看不到买家出价了，市场进入了最坏的状态：没有市场！

我们手中有十几亿美元头寸，基差每上升1点就损失100万美元。债券价格在稀少的交易中自由落体般下跌，基差很快就从80跳到了120！我们在短短两星期时间内就损失了几千万美元，曾经是赚钱标兵的市政债券组成了“军事法庭”的调查对象，公司高层从伦敦派来工作组进驻。

由资深风险控制专家领衔的工作组的任务是查清我们赔钱的真正原因。我们和工作组开了一系列会议，颇有点“在规定的时间、规定的地点交待规定的问题”的意思。我估计投行的调查程序和中纪委应该差不多，“双规”不久后就会做出“处理决定”，是允许我们“戴罪立功”还是“军法处置”就要看工作组的结论。于是我向文森和罗杰提出了自己的见解：在这种时候我们需要给工作组留下的印象是“败而不乱”，而不是“束手待毙”，尽管债券市场处于流动性真空状态，我们还是得想办法增加对冲，巩固防守。

债券头寸一时动弹不得，何不用围魏救赵之计？几个月前看过的一篇瑞银关于固定收益市场的研究报告给我带来了灵感。那篇文章指出，债券投资者要想增加收益率（yield）通常有三种方法：购买期限较长的债券（extend on the curve）、购买信用风险较高的债券（go down the credit ladder），或出售期权（sell options）。因此在债券投资者扩张的市场中，往往出现收益曲线越来越平、信用保费越来越低、期权越来越便宜的现象。目前投资者正不惜代价收缩，我们何不把瑞银的观察反过来用，赌收益曲线变陡（steeper curve）、信用保费变高（wider CDS）、期权变贵（higher volatility）呢？这些手段应该能对冲我们债券头寸的一部分风险，而且工作组会看到我们正在用符合逻辑的办法减少市场冲击。

据说美国海军陆战队有一条作战原则：在遭遇敌人火力袭击时，必须立即前进或后退，绝不能原地不动干等着挨打。在我们积极地采取了收益曲线、信用保险和期权等对冲手段后，战局有所稳定，尽管基差从120进一步扩大到140，但新的对冲措施相当程度上弥补了债券上的损失。更重要的是，工作组看到的不是一群不知所措的败兵，而是三名正设法突围的陆战队员。最后工作组做出结论：难以控制的市场因素造成了市政债券组的重大损失，该组交易员无失职行为。

我们安然度过了“军事法庭调查危机”，总算松了口气。然而对于整个金融体系来说，漫长而痛苦的去杠杆化（de-leveraging）过程才刚刚开始。

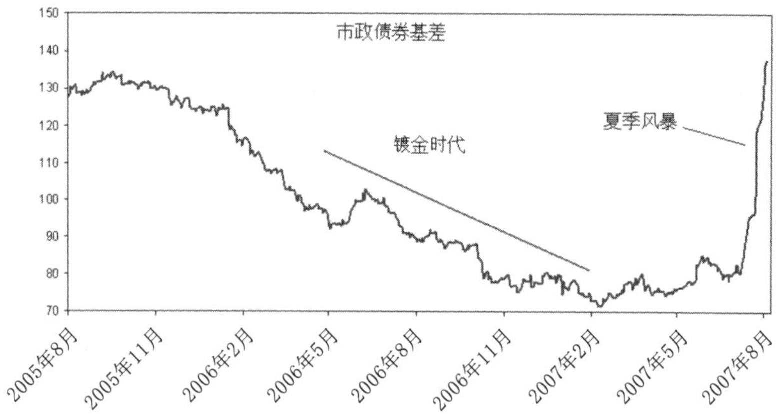

9。危机似乎过去

2007年的夏季风暴本质上是对银行业的一次大挤兑，挽救危局最直接的办法是大量注入流动性以恢复投资者信心，这只能依靠作为中央银行的美联储。

美联储的诞生其实就和20世纪初的一场银行业大危机有直接关系。1907年，美国股市暴跌50%，参与股票投机的银行和证券公司遭受重大损失。这些金融机构的投资方式和后来的对冲基金差不多，它们普遍用股票做抵押，借贷款从事杠杆投机。股市大跌导致对冲基金们资不抵债，引发了大规模挤兑和金融机构倒闭风潮。千钧一发之际，华尔街领袖老摩根（JP Morgan）挺身而出，在自己的书房里召开了一次著名会议，组织各银行集中火力向遭挤兑的银行和证券公司注入资金，终于恢复了市场信心，挽救了整个银行体系。在这场危机中，老摩根领导的银团实际上扮演了中央银行的角色。

这次危机使美国人认识到建立中央银行的必要性。1913年，

《联储法案》（Federal Reserve Act）通过，美国联邦储备系统正式诞生。从组织结构看，美联储是个“公私合营”的机构。美联储主席和董事会成员均由总统提名，参议院批准。负责“大政方针”的中央级联储机构是公共性质，但其下属具体执行政策的12 家按地理区域划分的联储银行（Federal Reserve Banks）却是私有银行的组织结构，相当于各地区银行业的“行业公会银行”，董事也主要由成员银行选举产生。美联储“非公非私”的奇怪结构实际上是各派政治力量角力妥协的结果，大体说来，左派主张加强监管，右派反对政府过多干涉私有经济，“公私合营”的美联储两派都能接受。从实际操作层面看，这种结构起到了政府代表的公众利益和银行业利益相互制约的作用。但是，在关键时刻美联储究竟为谁办事往往很难说清楚，内在的利益冲突随着金融危机的演进将愈发明显。

美联储掌握着基础货币发行，扮演着“终极借贷者”角色，即所谓“银行家的银行”（bankers' bank）。从下面的简化版美联储资产负债平衡表就可以看出它的与众不同之处。

资产	负债
黄金 美国国债 其他债券、贷款等资产	美联储票据（美元） 商业银行储备（bank reserve，可随时转换成美元）
	净资产

美联储以黄金和美国国债为支撑发行美元货币，守着“印钞机”永远不愁没钱。它通过买卖国债调整银行体系中的基础货币数量，调节利率，达到控制通货膨胀、平滑经济周期的目标，完成“保证物价稳定”和“就业极大化”的两大职责。

美联储的另一个重要职责是对银行业实行监管，确保银行体系正常运行，并在必要时紧急注入流动性。因此当2007年夏季风暴席卷金融行业的时候，所有人的目光都转向了美联储。

8月17日，美联储紧急降低了联邦贴现利率（Federal Reserve discount rate），并表示将以各种方式增加系统中的流动性。联邦贴现利率的象征意义多于实际意义，美联储为什么“玩虚的”，不降低真正是短期利率标杆的联邦基金利率（Fed fund rate）呢？其实美联储也有苦衷。2007年上半年石油和农产品等大宗商品价格猛涨，美联储不得不连续加息以对付通货膨胀，可银行体系忽然又面临危机，呼唤减息。左右为难之际，美联储选择了先降低象征性意义的联邦贴现利率，向市场发出信号的办法。虽是虚招，但“武林盟主”已经把手按在剑柄上，这就足以震慑全场了。

※

美联储一表态，我们那沉寂了好几个星期的电话线忽然又忙碌起来，街上的销售们大部分都问同一个问题：

“Do you have any bond to offer?”（有什么债券要卖吗？）

市政债券先是在低位出现成交量大幅增长，进而价格开始连续跳高，几天前还是有价无市的惨淡景象，瞬间竟又变成竞相争购的牛市。联储出手仿佛给市场注射了一剂强心针，从股市到债市，各种金融产品价格快速反弹，贝尔斯登基金点燃的次贷之火似乎得到了控制。

究其原因，凶猛的夏季风暴固然将很多杠杆投资者打了个措手不及，然而遍野哀鸿之中，却也有几家欢喜。毕竟刚经过了几年资本市场大牛市，不少投资者还有相当大的风险胃口，有的风暴前已经清仓，正等着杀个回马枪，也有的错过了牛市，一直在找机会进场——其实那种手握大把现金天天看着市场涨的感觉可能比赔钱还难受。夏季风暴中各种金融资产的价格忽然暴跌，手里有钱的投资者一看“发国难财”的机会来了，纷纷准备进场捡便宜。美联储的减息动作，相当于吹响了反攻的号角！例如，城堡对冲基金买下了崩盘的索伍德基金的大部分资产，美国银行则宣布向受次贷问题影响而股价下跌2/3的全美第一大房贷公司“全国金融公司”（Countrywide Financial）注资20亿美元，该行老总路易斯（Ken Lewis）表示：“市场低估了全国金融公司的价值”，自以为捡了便宜的得意之情溢于言表。

抄底的投资者一进场，原本处于流动性真空状态的次贷和市政债券等市场交易活跃了起来，本来还在观望的投资者见状也加入了捡便宜的行列，大量资产从资金链脆弱的“软手”（weak hand）中转到了资金充裕的“硬手”（strong hand）中，贝尔斯登基金引发的杠杆投资者大撤退暂时停止了。债券市场一稳定下来，刚被风暴推到离正常值很远的各种价格价差又开始像钟摆一样往回运动，次贷信用指数快速反弹，市政债券基差也从140下降到110。抄底的城堡基金等成了大赢家，历史似乎再一次证明：所有金融危机都是逢低吸纳的大好时机。

美国投资界的决策者和操盘手普遍只有三四十岁，这是在资本市场蜜罐里泡大的一代，对他们来说，20世纪30年代大萧条中大批银行倒闭的惨淡景象已经过于遥远了，他们记忆中的所谓“危机”实际上都只是影响金融体系一部分的局部问题。从1987年股市“黑色星期一”到90年代初的储贷银行危机（Savings and Loan Crisis），从1998年俄罗斯债券危机到2000年互联网泡沫破裂，其实都是逢低吸纳某些金融产品的大好时机。的确，在那些银行分业经营，“连环计”还处于萌芽状态的年代里，火势是容易控制的。何况华尔街的背后还有“山姆大叔”（Uncle Sam，美国政府）撑腰，遇到危机美联储总会大幅减息，政府也会出台各种救市措施，在关键时刻拉华尔街一把。虽然很多人都声讨这种“华尔街输钱，纳税人埋单”的所谓“道德风险”（moral hazard），但几乎没人相信关乎经济命脉的银行体系真出了大问题美联储和政府会袖手旁观。

如此一来，华尔街精英们还怕什么呢？既然所有危机都是机会，当然要趁机捡便宜，而且有山姆大叔的安全网，走高杠杆金融钢丝也坦然多了。想在金融这一行出人头地就得冒险（take risk），想在年底拿到大笔奖金也得冒险，所以在夏季风暴终于平息后，大家纷纷冲进来抄底，金融市场刹那间又是一派“春回大地”的气象。

2007年10月9日，美国股市最具代表性的标准普尔500指数（S&P 500 Index）冲到1 565点，创下历史新高。这很像2000年互联网泡沫破裂后的情形，那年春天曾有过一场纳斯达克指数从5 000点掉到3 000点的“春季风暴”，几个月后标准普尔指数也曾强劲反弹到1 500点以上，几乎创下新高。但那只是一次回光返照式的上涨，互联网泡沫破裂引发的连锁反应很快将股市拖入三年之久的大熊市，标普一直跌到720点，用了7年时间才收复失地。

我们多次谈到，金融市场的涨跌与流动性和投资者风险胃口息息相关。由此可以解释为什么大牛市通常不会一下结束，而往往有“双顶”。长期牛市之后，投资者的风险胃口不可能马上完全消失，“盛世兴收藏”的惯性会持续一段时间，如果“瓷器”不流行了，投资者会转向“名画”、“邮票”之类的其他产品。例如在2000年春天网站类股票全面跳水后，投资者的风险胃口和市场流动性曾一度转向蓝筹股、新兴科技股和能源类股，那些“新热点”拉高了标普指数，却没有带动其他股票走出新一轮涨势，更没有改变整体经济的颓势。后来新热点股票逐渐有孤掌难鸣的趋势，最终被一浪又一浪的大盘跌势淹没。值得注意的是：科技股泡沫破裂的时机也与流动性变化密切关联。1999年，美联储为对付俄罗斯债券危机余波和预防电脑“千年虫”影响，刻意增加银行体系中的流动性，客观上助长了互联网泡沫。2000年年初，美联储从市场抽回流动性，并连续加息遏制通胀，终于捅破了泡沫，这与次贷危机何其相似！

2007年秋天，历史重演。夏季风暴后美国股市在能源、原材料和新兴国家概念股引领下走出了一波牛市。当时的主流观点是：次贷问题固然对银行业有影响，但世界经济依然有很多亮点，以巴西、俄罗斯、印度和中国这“金砖四国”（BRIC countries）为代表的新兴国家将取代美国成为世界经济增长的新火车头，即使美国经济陷入衰退，新兴国家也能保持强劲势头。这就是所谓的“脱钩论”（decoupling theory）。确实，次贷是美国特有的问题，不应该对其他国家造成太大影响，于是从房贷市场“逃难”出来的资金有相当一部分转向热门的新兴国家。不知从何时起，我的同事们养成了早晨先看看中国股市和人民币汇率的习惯，上证指数忽然间成为全球金融市场的风向标。投资者普遍相信：“次贷问题，去杠杆化，俱往矣！数风流人物，还看东方！”

在世界的东方，神州大地正热闹非凡，股市和楼市同涨，经济与通胀齐飞。2007年的中国资本市场流动性极为充沛，老百姓不满足于银行的低利息，纷纷把钱投入股市。先进场的人赚了钱，又吸引更多的人加入炒股大军，一时间大有全国人民都将成为股民和基民的势头。10月16日，上证指数盘中冲高到6 092点，比年初翻了一倍有余，与2005年的熊市底部相比升幅超过

500%！

全球股市的抢眼表现似乎证明金融市场依然“身体健康”。事后看来，这当然只是昙花一现式的荣景。要理解其中的原因，还得从资本市场的结构谈起。做个形象的比喻：股票市场像是金融体系的皮肉，债权市场（包括银行贷款）相当于金融体系的筋骨，控制资本流动的传统银行和影子银行则是金融体系的肺腑。

融资方式包括股权、债权两大类。股票代表着企业的所有权，发出之后不必赎回，企业没有还本付息的压力，股票下跌不会直接导致企业破产。从投资者的角度看，买股票者多少有赔钱的心理准备，通常杠杆不高，股市下跌不会引发大规模投资者破产。从银行业的角度看，现代银行的高杠杆经营模式决定了它们不会在波动性强的股市上直接下很大赌注。可以看出，股市大跌对企业、投资者和银行业三方面的直接冲击力有限，对于金融体系来说只相当于皮肉受损。例如美国 1987 年和 2000 年的熊市，以及中国近年来的历次熊市，都没有造成危及整个金融体系的影响。当然，长期熊市会通过财富效应等方式让经济患上慢性病，进而影响金融体系健康。

债权融资包括银行贷款和各类债券，涉及范围比股权融资广得多，比如政府和个人不能发行股票，但可以通过国债、信用卡债、住房按揭等方式以债权融资。绝大部分债权有严格的还本付息规定，借贷者一旦违约就构成破产。从投资者方面分析，债券市场的主力机构如保险公司和退休基金等普遍是“利差”投资模式，相当于使用杠杆，大规模信用问题会对这些机构造成强烈冲击，引发连锁反应。而银行业与债权市场更是息息相关，传统银行的吸存放贷业务实际上就是杠杆债权投资，影子银行由于不受资本充足率的制约，杠杆往往更高。以上分析表明，债权市场可称得上是金融体系的筋骨，一旦出现问题，对借贷者、投资者和银行业三方面都会造成巨大的直接伤害。

至于控制资本流动的银行业，则是整个金融体系的心脏肺腑。银行的借贷杠杆是撑起流动性大厦的“钢梁”，而稳定的债权市场又是确保银行体系健康的关键。如果某些银行因为债权信用问题遭受重大损失，就会降低杠杆以求自保，这在一开始可能只影响到银行体系的某个局部。但是被“抽掉钢梁”的楼层会压向其他楼层，当压力超过临界点后整个银行体系都将像“9·11”事件时的世贸大厦一样坍塌，造成大量银行破产，引发金融危机。

现在回过头分析 2007 年秋天的市场情况：尽管坚挺的股市表示金融体系的“皮肉”完好，但次贷引发的债权信用问题已经伤到了“筋骨”，夏季风暴更是对“肺腑”地位的影子银行造成了很大伤害。美国的金融体系就像是被降龙十八掌拍了一下，虽然外表看上去没事，甚至还“红光满面”，但实际上已经受了内伤，很快就要倒下去了。

※

2007 年 10 月，危机似乎已经过去，我惦记着上级赋予的

“开拓市政住房债券市场”的任务，总觉得应该买点什么。可住房债券在 9 月份一下子反弹了很多，让我有一脚踩空的感觉，一直到 10 月中旬，价格才开始回落。

一天，雷曼销售“孟仁”打来电话，报告有人求售（bid wanted）大批市政住房债券。求售是债券市场卖家常用的方法，求售者公布一个债券单子，买家在规定时间内报价竞标，然后求售者可以和出价最高的买家成交，或选择不卖。市政住房债券投资者多为长期持有，求售很少见。忽然有大批债券求售，明显是一个警讯。但那时的我没有考虑到这一层，光想着买便宜货，思维方式还是和夏季风暴中“顶风作案”放空比例时一样。我看中了一只 AAA 评级的田纳西州住房债券，通过孟仁向卖家报了 4.50% 收益率的出价，比该债券半个月前的发售价高了 20 个基点（债券价格和收益率反向变化），如果能买到应该算捡了个大便宜。

半小时后，孟仁沮丧地来电：“小渔，你和另外一个人出了相同的最高价，卖家通过扔硬币决定：把债券卖给了那个人。”

上天对我何其眷顾！

过了五分钟孟仁又来电话了，这次他十分兴奋：“好消息！那个卖家手里还有 1 000 万田纳西住房债，同样的债券，同样的价格，你要吗？”

这是一个更大的警讯：卖家到底有多少债券要出售，怎么不一次挂出来？他是不是怕吓跑了买家？他究竟知道什么消息，为什么如此便宜的价格还要抛售？有经验的交易员看到这种情况一定会本能地警觉，可2007年的我还在“交学费”的阶段，于是我天真地对孟仁说：

“好吧，我买。”

没料到，这只田纳西住房债券将伴我走过整个金融危机。

※

2007年秋天，金融市场在经过一场惨烈战役后出现了短暂的平静。夏季风暴撕开的口子被捡便宜的投资者暂时堵住了，可这就好比打仗的时候用上了预备队，如果对方再来一次大规模进攻，整个战线就可能全面崩溃。情形有点像1942年深秋时节的苏德战场：南线德军投入了所有预备队猛攻斯大林格勒，进展越来越缓慢，在他们的背后，一个巨大的包围圈正悄然合拢。

10。十面埋伏

2007年10月下旬，股市冲高后回落，债市又开始下滑，萧瑟的秋风给市场带来了阵阵寒意："双顶"之后的熊市才是最可怕的。

我们的电话线依然忙碌，但市场气氛明显变了，街上的销售们不再打探谁有债券要卖——卖家有的是，买家倒像冬眠的熊一样全都躲了起来。求售单（bid list）越来越多，越来越长，只是成交很少。市场仿佛被连绵秋雨的阴云笼罩，人的心情也跟着灰暗下去，我意识到购买田纳西住房债券是做了件蠢事，自以为捡到便宜，其实却当了贪饵咬钩的傻鱼。唯一的办法是再找一条更傻的鱼接棒，于是我广撒大网，同时向多家券商报了卖价，大部分都如泥牛入海，只有贝尔斯登的胡优功力深厚，还真帮我网住了一条鱼。

"4.70%收益率，不还价。"电话中的胡优依然是那副不容置疑的口气。

竟然比我两星期前的买价差了20个基点！按这个价钱卖得赔10万美元。

“太低了吧？这只债券一个月前的发售价是4.30%，整整高了40个基点……”我无力地争辩。像《多收了三五斗》中的农民一样，“去年的米价”成了我无法逾越的心障。

“我的客户很明确，4.70%，不还价。”胡优顿了顿，然后以前辈的口吻表达了他的真知灼见：“现在风头不对，要是我就赶快卖，趁对方还没改主意。”

可惜我不是老江湖胡优，像大部分刚出道的菜鸟交易员一样，我不能承受“割肉止损”，放走了那条已经咬钩的鱼。这之后再也没有鱼上钩，阴沉沉的市场似乎预示着有什么事情即将发生。没过几天，华尔街果然又出事了。

※

从10月底到11月初的短短一个星期内，花旗和美林相继发布了糟糕至极的季报，花旗次贷相关资产减记约100亿美元，美林资产减记94亿美元，一度似乎得到控制的次贷之火又开始熊熊燃烧。从最初影响新世纪公司等华尔街外围机构，到夏季风暴中冲击影子银行体系的对冲基金等“军、师级单位”，进而发展到让华尔街最核心的“集团军级”大银行陷入合围，一浪高过一浪的次贷问题已经演变成一场全面的金融危机。

花旗和美林首先出现问题，其实并非巧合。先来看看花旗，这个全世界最大的银行集团业务涵盖商业银行、投资银行、资产管理、保险业等领域，是典型的“金融超级市场”（financial supermarket）银行。与高盛等纯粹投行相比，花旗的长处是业务范围广和资本量大，这两点决定了花旗在资产证券化和自营投资方面有很大优势。广泛的业务为花旗提供了房贷、信用卡债、银行信贷等生产结构化债券的“原料”，而庞大的资本又保证了流水线的资金周转。花旗利用优势大力发展资产证券化业务，本来也算招好棋，但它摊子铺得太大，又大量直接投资CDO等结构化债券，终于种下了祸根。次贷问题一出，花旗被打了个正着：其账面上430亿美元直接投资的次贷类CDO和120亿美元用于打包债券流水线的次贷原料全砸手里了，只能大幅减记。

美林又是怎么惹上麻烦的呢？照理它作为纯粹的投资银行，传统上不介入属于商业银行范畴的贷款业务，缺乏生产结构化产品的原料，正应该“因祸得福”躲过次贷之灾才对。但美林管理层出了大昏招，他们垂涎资产证券化的巨额利润，想出了直接收购次贷借款公司的“妙计”：让这些子公司不要把次贷卖给别家，直接送到美林的流水线上，原料问题不就解决了吗？直到次贷问题已露出苗头的2006年9月，美林还以13亿美元的高价收购了主营次贷业务的第一富兰克林（First Franklin），自以为迎来了财神，其实请来的是衰神。和花旗一样，美林账面上也迅速出现了打包原料和直接投资两方面的大量次贷相关亏损。如果说花旗的问题还有“客观原因”的话，美林则纯属自找，正是：机关算尽太聪明，反误了卿卿性命。

※

次贷之火越烧越旺，普通百姓也开始关心华尔街到底出了什么事。次贷、ABS、CDO 这些冷僻的专业词汇成了街谈巷议的热门话题，新闻界干脆简洁而精辟地将它们统称为“有毒垃圾”（toxic waste）。

被毒垃圾放倒的大银行越来越多，华盛顿互惠银行（Washington Mutual）、瑞士联合银行（UBS）和皇家苏格兰银行（RBS）相继披露巨额次贷资产损失。市场上风声鹤唳，投资者草木皆兵，各大银行的信用违约保险合约价格大幅上扬，例如美林的 5 年期 CDS 达到了 500 基点，表示美林在今后 5 年内出现信用违约的可能性超过 25%。投资者猛然发现：曾经不可一世的华尔街巨头们已经面临破产风险了！

这场愈演愈烈的金融危机将如何发展呢？我们不妨再次借用《超盛证券》的虚拟剧本做一个预告。

※

地点：超盛证券，华尔街老牌投资银行

人物：牛老大：超盛首席执行官（CEO）

猪哥靓：高级顾问，军师

关西铁：负责投资银行部（Investment Banking）

柯户多：负责资本市场部（Capital Markets）

常达包：负责资产证券化与结构化产品（Securitization and Structured Products）

郝大丹：负责自主投资、自营交易（Principal Investment and Proprietary Trading）

栾亚宝，孟哲来：交易员，危机前离开超盛，自己开了对冲基金

钱聪聪：交易员，危机中离开超盛，跳槽到紫金朵对冲基金

第一幕《镀金时代》中（见第5节），牛总为提高超盛净资产回报率（ROE），采纳军师猪哥建议，首先按“微软模式”发展利润率高的传统投行业务，继而依照“沃尔玛模式”大搞资产打包流水线，最后直接用超盛资本展开“华尔街模式”的杠杆自营投资，使超盛业绩风光一时。

第二幕：金融危机

话说花无常开，月无常圆，次贷危机来了，超盛证券上下一片愁云惨雾。关西铁的投行部早没生意了：这年月谁还能上市，谁还有钱做并购？柯户多的资本市场部日子也不好过：想发债券的倒是有，就是没人买。做市交易也越来越难：市场波动性大本来不是坏事，但今天客户全都买，明天客户全都卖，成了单边市场，做市交易员们叫苦不迭。更何况，很多对冲基金之类的大客户都因为信用风险上了黑名单，超盛也不能做它们的生意了。

这些事牛总还能对付，大不了裁一批人，奖金不发了，老关和老柯的传统业务总不至于把公司拖垮。常达包的流水线早停工了，发点遣散费让他们走路，也不算大问题。真正让牛总头疼的是钱聪聪管的那些“有毒垃圾”，也就是老常打包产品中那些卖不掉的废物。房贷的违约率随着房价下跌而不断上升，街上的分析师们一再调高“有毒垃圾”的损失预期，评级公司也火上浇油，声称要把结构化债券大批降级。摸不清真实情况的货币市场投资者为了保险，不再接受钱聪聪用结构化债券做抵押借钱，杠杆没了，超盛只能硬着头皮拿自己的资本往里填。这批“有毒垃圾”拖累得超盛自己都快上了别人的黑名单。想到这，牛总出了一身冷汗：不行，要是资金链真被掐断了可就全完了，郝大丹的自主投资和自营交易那块还有大批难卖的资产（illiquid assets），超盛万万不可能融到那么多钱，同时撑着钱聪聪和郝大丹。都是猪哥靓那个狗头军师，什么30倍杠杆，要是只有15倍该多好呀……

牛总一面对外辟谣：超盛固若金汤，绝无问题！一面召开紧急会议。关西铁且恨且喜：什么“对冲基金”，快把公司拖垮了！柯户多心不在焉，琢磨着该往哪跳槽。猪哥见牛总黑着脸，想起自己“30倍杠杆”的馊主意，先闷头不说话。牛总转向钱聪聪：

“小钱，你先说，结构化债券的损失到底有多大？不是都对冲了吗，是不是能捞回来好多？”

“牛总，这些‘有毒垃圾’可是当初你逼着我买的”，钱聪聪慢条斯理，开始推卸责任：“其实咱这还算好的，栾亚宝的对冲基金早就关门了，孟哲来还被投资者告上了法庭……”

“别跟我提那两个混混！”牛总不耐烦地挥了挥手。

“我是尽力对冲了”，钱聪聪只能交待实情，“可是街上这些投行、基金手里的‘有毒垃圾’都差不多，对冲工具也都差不多，最近时常有人逼不得已平仓（unwind），一到这种时候，资产那边跌（平仓者卖），对冲那边涨（平仓者买），两边都赔钱也不稀奇！现在唯一管用的‘对冲’，就是把那些‘有毒垃圾’给卖了！”

听到这最后一句，牛总脸都气绿了：“卖？还用你说？我也想卖！可咱手里盘子这么大，卖给谁？都怪那个常达包！”

猪哥看火候差不多了，开始发言：“牛总，现在形势险恶，咱们必须赶快行动，方能力挽狂澜。如迟疑不决，将至大变，不可救也！”

见众人面面相觑，猪哥开始部署：“老柯，叫你的交易员全都把头寸减掉一半。聪聪，你尽量守住，坚持就是胜利。老郝，你的任务比较艰巨：先把能卖的资产都卖了，尤其是那些还有流动性的。然后你和会计部门商量一下，看能不能把一些资产从市值计价（mark to market）账簿转到公允价值（fair value）账簿，这样就不用每天看着它们跌了，省得闹心！季度报表也好看一些。”

猪哥转向牛总："这些都是止血措施，有帮助，但还不够。咱们得造血，必须马上开始融资！"

会议结束，牛总即刻飞赴亚洲、中东，寻找国际战略投资者，主要卖点是："超盛百年老店，金字招牌，今虽虎落平阳，异日必将东山再起，战略投资者勿失良机！"靠着超盛一贯的名声，牛总终于说动了乌有国主权基金，向超盛注资 50 亿美元。

牛总马不停蹄，找到巴菲特，磨破嘴皮，几番让价，又卖了年息 9% 的 50 亿美元优先股权给巴老。

拿到两笔注资后，超盛趁热打铁，向市场公开发售股票。众投资者见巴菲特和乌有国基金都进场了，也纷纷认购。

三板斧之后，情况暂时稳住了。可是金融危机愈演愈烈，各银行、基金纷纷甩卖资产，以求降低杠杆。一时间，关于超盛账簿上结构化产品损失的谣言四起，市场对于超盛能否保持偿付能力（solvency）质疑纷纷，据说某些交易对家（counter-party）正考虑把超盛列入禁止交易的黑名单。牛总和猪哥一商量，资金链眼看要断，绝不能再等了，必须赶快卖掉"有毒垃圾"！

此时，钱聪聪已离开超盛，跳槽到紫金朵对冲基金主持不良资产投资。聪聪与结构化债券打交道多年，熟悉内情，知道恐慌的市场可能把这类产品的实际损失夸大了——就是破烂也值几个钱。于是钱聪聪找到牛总，提出低价收购超盛账面上大部分问题资产。牛总一咬牙，断臂求生，一块钱面额卖两毛，把大量结构债券转给了紫金朵。精明的钱聪聪花两毛钱买了值五毛钱的货，终成一代著名基金经理，此为后话。

超盛这边厢，牛总和猪哥商议，还是不能完全放心，于是公开宣布，将超盛证券改组为银行控股公司（Bank Holding Company），以取得紧要关头向美联储借钱的资格。然后，牛总又到国会听证会上诉苦，唱了一出《哭秦庭》，从救市基金里要了一笔钱，还利用政府担保发了一批短期债券。

几番折冲，投资者对超盛的信心终于有所恢复。多亏牛总和猪哥及时处置，超盛得以渡过难关，取得高盛式的上等结局。

倘若超盛管理层略微犹豫，稍有疏失，恐慌的市场随时可能陷超盛于绝境：一旦交易对家将超盛列入黑名单，停止交易，货币市场投资者拒绝为超盛的头寸提供回购贷款，那么超盛赖以生存的资金链就会被切断！

此时如果政府能拉一把，摩根大通之类的大银行能出个价，那超盛尚有卖身投靠的机会，为股东多少留点本钱，也避免把整个市场搞乱，这不失为贝尔斯登式的中等结局。

若是由于种种原因无人相救，那超盛就只能破产清盘，由此引发的连锁反应，会将更多金融机构推向悬崖边缘，导致信贷规模突然大幅收缩，使整个世界经济陷入金融危机的旋涡。这是雷曼式的下等结局。

※

从超盛证券的故事可以了解即将开始的华尔街大风暴的

总体脉络。诚如美国谚语所说："事后分析，总是目光如炬。"（Hindsight is 20/20）。在当时，笔者也是懵懵懂懂，不知事态将如何发展，只觉得次贷危机似乎将华尔街带入了一个山洞：黑暗，漫长，看不见出口的亮光。

在忧郁的等待中，多灾的2007年终于过去了，2008年又将给华尔街带来什么呢？乱世的帷幕正缓缓拉开，久负盛名的银行业巨头将面临生死之劫，雄霸一方的老总们将面对极限挑战。谁是曹操、刘备般的命世豪杰，谁是孙权式的守成之主，谁虚名无实，谁好谋无断，谁又碌碌无为，很快就要见分晓了。

11. 华尔街之踵

古希腊神话中有一位战无不胜的英雄阿硌琉斯，他浑身刀枪不入，唯一的弱点是脚踵。在特洛伊之战中，阿硌琉斯杀死了特洛伊王子赫克托，惹怒了太阳神阿波罗，被阿波罗用毒箭射中脚后跟而亡。西谚中“阿硌琉斯之踵”是“致命弱点”的代名词。

拜现代金融学之赐，华尔街仿佛也练就了一身风险控制的“金钟罩”绝活。层出不穷的复杂衍生产品似乎可以对冲任何风险，充斥着希腊字母的高深数学公式好像告诉人们一切尽在掌握。正因为对风险控制机制有高度自信，众投行、基金才敢不断增加杠杆。然而武装到牙齿的华尔街也有“阿硌琉斯之踵”：对短期融资过度依赖。

银行业本质上就是赚取利差的买卖。传统银行一手吸收储户存款，一手发放贷款；投资银行和对冲基金等影子银行则通过资本市场一手融资，一手投资。对高杠杆经营模式的影子银行来说，融资成本的微小差异会造成净资产回报率的巨大变化，因此影子银行体系极为依赖成本最低的短期融资市场。我们就来看看这个市场究竟如何运作。

美国为数众多的“货币市场基金”（money market funds）是类似活期存款的投资工具，它们管理着高达数万亿美元的资产，是短期融资市场上重要的资金提供者。钱多多就是一位货币市场基金经理，他的任务是：

1. 保本第一，避免信用风险。

2. 投资能随时变现，因为客户随时可能提款。

3. 多挣点利息。

投资短期国债最安全，但国债市场容量毕竟有限，而且国债到期时间也不够灵活，例如三天后到期的国债就未必好买，所以钱多多自然转向了回购市场。回购借贷方式到期时间灵活，而且有抵押品，风险较低，很适合货币基金的需要。当然钱多多也会根据交易对家和抵押品本身的风险，调整利率和折减要求。

像鲁西银行这样的杠杆投资者则是钱多多的回购市场交易对家。举个例子，该行交易员小渔一激动买了1 000万美元市政债券，需在三天后的交割日和卖家一手交钱，一手交货。鲁西银行杠杆超过10倍，自然不可能每笔交易都用自己的钱付账，于是回购交易员就到市场上“找钱”。他打电话给钱多多，提出用市政债券做抵押借钱。钱多多一看是信用评级很好的鲁西银行，抵押品又是风险很小的高评级市政债券，打了个哈欠说：

“按老规矩，2% 折减，我借给你980万美元，利息照旧，联邦基金利率加 20 基点。”

小渔账簿上新头寸的融资问题就这样轻而易举地解决了。实际上鲁西银行和钱多多建立了固定关系后，借钱的过程可能更简单，钱多多会给鲁西银行一张“空白支票”：

“10 亿美元以下，投资级市政债券，全按老规矩办，每天给我发个单子就行了。”

回购融资就是这么一个“简单”的过程，平凡得像血液循环，使人忘记了它的存在。回购交易员们日复一日从事这样简单的工作，以至在“高科技”气氛日益浓厚的交易楼层上渐渐沦落为“下里巴人”。鲁西银行内部的交易例会上，利率掉期交易员大谈客户最新动向，大伙儿竖耳倾听；奇异衍生品交易员满口专业术语，群众们不懂装懂；只有轮到回购交易组代表发言的时候，每个人都是一脸轻松的表情，他能讲出什么新鲜东西呢？这位仁兄每次都必然要说一句话：

“There is lots of, lots of cash on the sidelines.”（市场上有很多，很多钱。）

群众们照例哄笑，这么一句废话用得着每次都讲么？

在次贷危机前，“很多，很多钱”等待投资确是市场的常态。美联储的长期低利率政策导致流动性充沛到泛滥成灾，在那个黄世仁求着杨白劳借钱的市场里，货币市场投资者没什么挑拣余地，只好降低折减要求，接受房贷和企业债等质量比较低的抵押品，还得借钱给对冲基金等信用风险比较高的对家。保本和变现都不是问题，大家发愁的是怎样多挣点利息。投资银行看到机会，就制造出各式各样的结构化短期融资产品。这些产品的法律文件动辄好几百页，其实本质上都差不多：钱多多这样的货币市场投资者购买短期融资券，相当于回购放贷，抵押品就是融资结构的投资对象，如次贷、CDO 等；而鲁西银行这样的套利交易者利用钱多多的资金获得杠杆，以取得高额回报。

这些新产品让玩家们各得其所，皆大欢喜。于是投资银行以时装换季的速度“金融创新”，对冲基金以“人有多大胆，地有多大产”的豪情增加杠杆，资本传销的游戏越玩越红火，仿佛击鼓传花，鼓点越来越快，气氛越来越热烈，资产证券化流水线规模越来越大，杠杆越来越高……突然，次贷危机，鼓声停了，华尔街玩家手中都抱着一堆无处可传的“有毒垃圾”。更要命的是，债主们受了惊吓，变得不那么好说话了。

在鲁西银行的内部例会上，群众们听取回购交易员发言时的表情渐渐严肃。“很多，很多钱”不见了，货币市场金主们越来越挑剔，开始“见人下菜碟”、“见抵押品下菜碟”。回购交易员报告的市场情况变得“丰富多彩”起来：

- 当期国债（on-the-run treasuries）：2% 折减，基准利率 -200 基点。当期国债风险最小，买卖最容易。
- 房贷抵押债券：10% 折减，基准利率 +100 基点。这个抵押品差点。
- 鲁西银行借钱：2% 折减。

● “大象”对冲基金借钱：20% 折减。

● “小虾米”对冲基金借钱：不借！

2008 年年初，诡异的气氛笼罩着金融市场。高杠杆的华尔街惊恐地发现，不断缩减的流动性成了一根慢慢收紧的绞索。

※

全球各地不断传出金融机构遭受次贷损失的新闻，股市不停下滑，1 月份的前三个星期美国和欧洲各主要股指就跌了约 10%。每个人心中都有一个沉重的问号：在次贷问题和流动性枯竭的双重压力下，股市会像 1987 年的“黑色星期一”那样突然崩盘吗？

1 月 21 日，星期一，美国股市因马丁·路德·金假日休市，但金融市场依然吸引了无数焦虑的目光：欧洲股市当日全面下跌 6%，黑色星期一！美国股指期货也应声暴跌，标普 500 期指很快就定格在下落 50 点的位置上：掉到跌停板了，这种事情自 2001 年“9·11”事件之后还从未发生过！

美国股市尚未开盘，市场上已经流言四起：1987 年式的崩盘？又出了一个 LTCM？哪个投资银行要垮？人们惊恐不安，“金融 9·11”就要来了吗？美联储召开紧急会议，决定立即降低联邦基金利率 50 基点，“帮助恢复市场流动性”。在股市尚未开盘时就因为股指期货暴跌而紧急降息，这是前所未有的举动，美联储也慌了神！

然而星期二美国股市并没有暴跌，欧洲股市巨幅下落的真相浮出水面，令刚动用了“救命毫毛”的美联储哭笑不得：让全世界虚惊一场的竟是一位31岁的法国小伙子，他导演了一场欺诈丑闻，一幕闹剧。

科维尔（Jerome Kerviel）是法国兴业银行的股指期货交易员，他有个平凡的理想：多给公司赚点钱，自己多拿点奖金。科维尔的不平凡之处在于：他是电脑天才，而且做过兴业银行的后台工作，熟悉交易结算和风险控制系统。说来科维尔倒算个能文能武的全才，遗憾的是他把“全才”用错了地方。当他发现自己的交易头寸超过了风险管控规定后，就去电脑系统中略微改了一下……

科维尔胆子越来越大，头寸也越来越大。2007年年底，他觉得股市应该反弹了，便开始做多，偏偏市场不合作，一直阴跌。好个科维尔！左手加码赌注，右手修改电脑记录，竟又坚持了一段时间。然而纸终究包不住火，一直昏睡的兴业银行监管部门终于发现了这个惊天巨案：不得了！科维尔已经积攒了500亿欧元的欧洲股指期货长仓，比兴业银行的市值还高！

兴业银行管理层连夜开会，做出了这种情况下唯一正确的决定：立即清盘。欧洲股市遂暴跌。兴业银行清仓后检点损失，共赔了49亿欧元（约合70亿美元）。花朵基金亨特大侠创下的60亿美元赔钱纪录仅仅一年多时间就被刷新，金融市场上又出了一个“妖孽”！

引人深思的是，从花朵基金到科维尔，“妖孽”们都是在市场转坏、流动性退潮的时候才出现，这绝非巧合。看来“国之将亡，必有妖孽”这句古话对金融市场十分适用。次贷危机还在发展之中，科维尔也不会是最后一个“妖孽”。

此次事件中，美联储不明就里紧急降息，成了华尔街上的笑料。之后美联储拒不承认降息是因为不明真相，但人民群众的眼睛是雪亮的：九位国之重臣连夜密会，紧急调降基准利率，难道是因为天气太冷？

这出闹剧终于落幕，然而仔细思之，让人不禁脊背发凉：世界金融市场实已到了危如累卵的地步！兴业银行的平仓行动竟导致全球性股市暴跌，说明投资者信心何等脆弱；而美联储居然也搞不清楚真实情况，像惊弓之鸟一样紧急降息。连央行都在五里雾中，那么金融体系中的问题究竟有多大呢？

面对混沌不清又充满危险的市场情况，很多投资者，尤其是以保本为首要目标的货币市场投资者都做出了相同的决定：

收缩投资，向安全靠拢。

※

2 月，短期融资市场不断收紧，以国债为抵押品的回购利率持续走低，显示货币市场投资者“安全第一”的心态。持有信用风险较高、流通性较差资产的杠杆投资者则面临融资利率升高和折减要求增加的双重压力。ABCP，SIV，TOB 等结构化短期融资产品更遭遇撤资风潮，使用这类产品获取杠杆的花旗、美林等银行只得用大量自有资金填补缺口，使它们本已紧张的资金情况更加捉襟见肘。

有关金融创新产品的负面消息接连不断，曾经被流动性大潮掩盖的问题纷纷暴露出来，一种原本鲜为人知的“拍卖利率债券”（auction rate security，ARS）突然成了新闻媒体瞩目的焦点。

ARS 债券产生于 20 世纪 80 年代末，主要应用于市政债券市场。前面介绍过，地方政府资金使用周期较长，发行长期债券较多，而投资者偏好短期债券，因此短期债券利率较低。有没有办法能让地方政府既发行长期债券，又享受短期利率呢？ARS 就是华尔街“对症下药”的发明。这种债券是长期债，但利率却通过周期性的拍卖竞标（通常每 7 天一次）决定。拍卖过程中，投资者各自提出利率要求，然后以荷兰式拍卖法（Dutch auction）确定债券利率和中标投资者。如果出现投标不足的流标现象，ARS 利率将按最高利率计算，并由现任投资者继续持有。最高利率因债券而异，通常是 10% ～ 20% 的固定利率，或者 3 倍基准利率这样的公式利率。

应该说 ARS 是一种相当巧妙的结构。对投资者而言，ARS 非常类似短期债券，很容易兑现。比如投资者老赵希望把持有的 ARS 变现，他可以在拍卖时要求高利率，这样债券会被要求较低的投资者买走，老赵就拿到现金了。ARS 相当于普通短期债券，拍卖利率自然也在短期基准利率上下浮动，让债券发行者享受到用短期利率融资的好处，各方皆大欢喜。

ARS 已存在了 20 年，几乎没有过拍卖流标，因为投资银行在投标不足时会用自有资金支持 ARS，以避免流标。然而 2008 年 2 月，情况却突然急转直下，ARS 持有者纷纷要求赎回投资，而投行的自有资金都用在了别处“救火”，既无力量也无愿望支持 ARS 市场，于是拍卖流标现象大量出现，本以为购买了安全的短期债的投资者忽然发现：他们的投资不能变现了！金融媒体连篇累牍报道 ARS 市场“封冻”，更加剧了债券赎回浪潮，拿不回钱的 ARS 投资者在媒体上声泪俱下：大学生没了学费，老太太没了生活费。ARS 成了华尔街欺骗人民群众的最新罪证。

ARS 拍卖流标意味着信用程度极高的美国地方政府竟需要为短期债券付出 10% 以上的惩罚性最高利率，这在正常情况下绝对不会发生。但本书中反复讨论过，每逢危机，流动性陷于枯竭，金融市场就会变得不正常。2008 年年初的 ARS 市场封冻，不过是一个极端的例子而已。

所谓祸兮祸兮，福之所伏。ARS 市场封冻倒给我们鲁西银行市政债券组带来了一个“趁火打劫”的绝好机会。本行是大银行集团，储蓄网点众多，背后又有政府撑腰，因此信用风险很小，短期融资不是问题。在大部分投资者为流动性所困的 2008 年年初，这种宝贵的融资能力成了潜在的赚钱法宝：如果参与 ARS 竞标，以较高的利率购买债券，同时从回购市场融资，就可以赚取相当的利差！得州扑克的经验告诉我，ARS 是一个容易赚钱的

"新游戏"，一旦市场恢复正常，机会就将消失，必须在其他人还没反应过来的时候抢先动手！

ARS 竞标最微妙的部分是决定竞标利率：报太高了可能买不到，报太低了赚钱少，得州扑克牌桌上练就的揣摩对手心理功夫派上了用场。比如我估计大家心里都想着 7%，有人就会竞标 6.99%，所以我就竞标 6.92%。每天早晨，我都要整理出一个竞标单，然后交给分析员保罗向各经纪银行投标，中午时分就开始知道哪些网捞到了鱼。这个过程看似烦琐无聊，赚钱倒是快得很。鲁西银行回购融资便利，买 100 万美元面额 ARS 只需不到 2 万美元自有资金，按 7% 投资利率、3% 融资利率计算，年净资产回报率超过 200%，完全是高利贷生意！

那段时间我十分忙碌，每天要看无数的债券法律文件和发行机构财务报告，然后从数百种第二天拍卖的 ARS 中挑出符合要求的债券。这个过程帮助我熟悉了美国各地政府、水电体系、机场、公路、医院等的基本情况，为日后的交易打下了基础。在我的努力下，我们组的 ARS 头寸迅速达到 100 多种债券、近 20 亿美元金额。ARS"新游戏"的赚钱机会漂亮地把握住了。

但 ARS 的成功并未给我们带来太多喜悦，每星期百万美元左右的"高利贷"收入不过是重症病人维持生命的点滴罢了，我们的债券头寸正不断遭受惨重打击。前面谈到过，在危机前的"盛世"中，市政债券套利交易相当程度上是在赌长期债券与对冲间的基差缩小。这个基差花了几年时间从 150 下降到 80，帮助我们组成为赚钱标兵；在夏季风暴中它忽然跳到 140，害得我们损失了数千万美元，沦为“军事法庭调查对象”；然而 2008 年 2 月底，几个月前的那场惊险倒似乎只能算是一段小波折了，因为基差已经窜高到了 210！

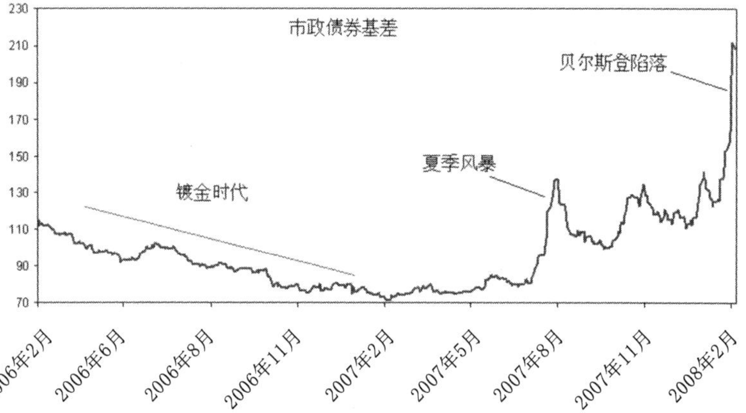

12。乱世枭雄

看着不断跳高的市政债券基差，我们都有一种死里逃生的感觉。在危机之前，市政组的债券头寸曾高达十几亿美元，基差每变化 1 点就输赢 100 万美元。如果还是那样大的仓位，到 2008 年 2 月我们就会损失 1 亿美元以上，肯定早已被“军法从事”。幸亏几个月来我们一直在收缩战线。当 2007 年年底次贷问题开始呈燎原之势的时候，天然气“战场”上九死一生过来的老兵油子文森做出了果断决定：保命要紧，立刻减仓。

撤退的过程不可谓不狼狈。十万红军渡过了湘江只剩下四万，但革命的火种得以保存。

不过，并非所有债券都能卖掉。在“盛世”末期购入的那些流通性较差的“猫盆狗碗式”债券成了甩不掉的包袱，我的田纳西住房债券就不得不“留在包围圈里坚持战斗”：这只债券 2007 年 9 月底的发行价是 4.30% 收益率，半个月后被我用 4.50% 的“便宜”价格收购，之后我错过了开价 4.70% 的买家。到了 2008

年2月，我终于意识到错过的是一位天使：肯出价的买家踪影皆无，类似债券偶有成交，价格已经掉到了6.00%左右，1 000万美元田纳西住房债券按市值计价损失已达70万美元，而用来对冲的国债在投资者不惜代价寻求“安全”的压力下价格大涨，我遭遇两面赔钱的窗境。

幸运的是，鲁西银行信用风险较低，我们背靠大树好乘凉，虽然赔了钱但融资不是问题，还能撑着。那些单打独斗的市政债券类对冲基金就惨了，它们的杠杆率本来就普遍超过10倍，出现亏损后更进一步升高，此时过度依赖成本最低廉的短期融资的后果显现出来了，便宜资金是有代价的：借贷的条款不固定，债主们可以随时改变主意，他们为自保纷纷提高折减要求，对冲基金马上面临生存危机。

华尔街的交易，包括回购等融资交易都必须每天结算，有钱付账就生存，没钱付账就破产，所有玩家一视同仁。平时这些结算交割的琐事很少有人注意，危机中每日的结算却成了杠杆玩家的催命符，他们手里有再多资产也没用，结算需要现金，一天借不到钱就立刻完蛋。

2月底的一天上午，成交量稀薄的市政债券市场上出现了一个很长的求售单，气得罗杰破口大骂：在这种时候大单求售，肯定会把价格砸下去，把大家都拖下水！果不其然，只有几千万债券在低价成交，却把市政债券指数拉下了一大块。这对市政债券对冲基金们又是一个很大的打击，他们手中资产的市值计价降低，做抵押能借的钱更少了，必须用自己的资金往里填。

接下来市场突然冒出几个短期优质债券的求售单，我向罗杰请教其中缘故，他叹了口气说：

“可能有人要完蛋。他们在用最优质资产换取现金，换取救命钱呢。”

市场传言证实了罗杰的猜测，好几个对冲基金正努力自救，有的基金可能“活不到明天”了。我暗想，按照 LTCM 和花朵基金的经验，有足够资金接盘的大鳄们该出手了。

果然，下午就传出消息，美国债券领域最具盛名的金主，旗下管理资产超过 7 000 亿美元的太平洋投资管理公司（Pacific Investment Management Co.，PIMCO）以超低价购入了一个大型求售单上的全部债券。

大资金的介入帮助市政债券市场暂时取得了稳定，但此刻整个金融体系正在次贷损失和流动性收紧的双重压力下苦苦挣扎。多家对冲基金频临崩溃的新闻唤起了华尔街的痛苦记忆：LTCM 式的千钧一发又要上演吗？华尔街投行会不会面临危险？ 1998 年的 LTCM 危机中，雷曼一度有过生存之忧，这次又会是谁呢？

一时间，“交易对家风险”（counterparty risk）成为最受重视的问题。鲁西银行风险控制部门开始对内发布“黑名单”，濒临破产的对家“禁止交易”，可能出现问题的对家“限制交易”。这是一个恐怖的名单，据我估算，上榜者约有一半会迅速面临危及生存的流动性问题。道理很简单，上了我们公司黑名单的对家很可能也上了别处的名单，回购之类的短期融资交易无法落实，拿不出每日结算所需的现金，马上就有破产之虞！

3月12日，星期三，贝尔斯登股票突然大跌，市场传言这家位列华尔街五强的投资银行遭遇流动性危机。这天我收到一封加急电邮，标题是：

“黑名单紧急更新：贝尔斯登，限制交易。”

※

贝尔斯登落到这步田地，自有其原因。

这家投行的固定收益业务很强，尤其专精于住房贷款及相关债券市场。靠着这个强项，贝尔斯登成为资产证券化领域的先驱，在次贷和CDO市场都占有举足轻重的地位，它还率先将大量自有资金投入结构化产品自营交易，并通过旗下对冲基金帮助客户进行类似杠杆投资。领先潮流的大胆举措曾令贝尔斯登在华尔街声名鹊起，2005—2007年，它连续被《财富》杂志评选为“全美最受尊敬的证券公司之一”。

论规模贝尔斯登只能算华尔街五强中的小弟弟，但它的野心不小，作风激进。贝尔斯登的杠杆率超过30倍，以大量短期融资支撑房贷相关资产。该策略曾给它带来巨额利润，但在次贷危机中却把它拖入死亡陷阱。仅在回购市场，贝尔斯登的融资规模就达700亿美元，超过本身净值5倍以上。哪一天回购融资不到位，它就得宣布破产。

说到底，贝尔斯登的高杠杆经营模式最依赖投资者信心，而这种信心的流失已非一日之寒。2007年夏天它旗下两只次贷相关对冲基金崩盘，给投资者和公司本身都带来巨大损失，严重影响了贝尔斯登的声誉。2007年下半年曾数次出现过贝尔斯登面临流动性危机的市场传言，虽然最后都是虚惊一场，但已是警讯。2007年11月，标普将贝尔斯登的信用评级从AA降为A，更预示着资本市场有可能对其关闭。

面对市场的不断警告，管理层理应立即寻找战略投资者，强化公司资本结构，以恢复市场信心。可是贝尔斯登磨叽了半年也没有大的融资行动，只从中信集团得到区区10亿美元的注资承诺，而且还不是净投资，贝尔斯登也要向中信注资10亿美元"联姻"。也许管理层对这份多年攒下的家业感情过深，觉得怎么卖都是贱卖，舍不得出让大额股份。可到了2008年3月，再想"贱卖"也未必卖得出去了！

3月14日，星期五，贝尔斯登股票狂泻47%至每股30美元收盘，公司市值只剩下30多亿美元，而它账上的资产依然超过3 000亿美元，杠杆率已飙升至100倍以上！面对急剧增加的信用风险，投资者纷纷企图撤资，贝尔斯登可用于支付的款项从星期一时的180亿美元骤降至2亿美元以下。很明显，它已无法在星期一正常开门营业，面前只有两条路：宣布破产，或寻找买家。

贝尔斯登遭遇当年LTCM的命运，令人不禁感叹世事无常，因果报应。1998年危机中，华尔街为求自保，十几家银行联手出钱援救LTCM，唯有贝尔斯登拒绝参加，闹得联手援救的事情几乎破局。为这事贝尔斯登落了个“不仗义”的名声。现在它自己遭遇大难，还能有人出手援救吗？

此时，华尔街上一位枭雄正冷眼旁观。

※

说起这位枭雄的来历，还得先讲一段与华尔街几大银行兴衰关联甚大的故事。

美国综合性银行有三巨头：花旗集团、摩根大通集团和美国银行集团。这鼎立的三强都是一系列并购的产物，其中又以花旗集团的创建史最具传奇色彩。

花旗前任老总韦尔（Sandy Weill）是位开疆拓土的秦始皇式人物，最擅长靠并购扩大地盘。从1986年到1998年，他以一家名不见经传的小公司为基业，先后并购了保险业龙头旅行家集团（Traveler's Group）、著名投行所罗门兄弟公司（Salomon Brothers）和商业银行巨子花旗银行（Citicorp）。金融史上规模最大的花旗帝国横空出世。

可惜韦尔和历史上的很多领袖人物一样，在继承人问题上栽了大跟头。本来他有一位追随多年、屡立奇功的心腹爱将戴蒙（Jamie Dimon）。当年韦尔慧眼识英雄，劝说刚从哈佛商学院毕业的戴蒙放弃高盛和大摩的邀请，投入自己麾下。韦尔告诉戴蒙，虽然他开不出投行的高薪，但戴蒙跟着他能成就一番大事。“小野心家”和“老野心家”一拍即合，在之后的十几年间一直是黄金搭档，戴蒙颇得韦尔真传，也成了并购高手，为花旗帝国的创建立下汗马功劳。可是1998年11月，戴蒙却忽然离开花旗，并且据说是被韦尔解雇的。关于韦、戴二人分道扬镳的原因有各种说法，在笔者看来，恐怕不过是中国历史上从汉武帝到康熙一再上演过的“太子夺权，皇帝废储”戏码的华尔街翻版而已。可惜二人名师高徒的一段佳话未能善终，令人想起《史记》中张耳、陈余本为忘年之好、刎颈之交，最后却成生死仇人的故事，不禁感慨万千。

戴蒙离去后，另一位韦尔旧将普林斯（Charles Prince）于2002年继承了花旗老总大位。可惜普林斯虽然名为“王子”（prince），却不幸扮演了二世祖的角色。花旗帝国从“秦始皇”手中传到“秦二世”手中，就开始走下坡路。普林斯不遗余力发展次贷和CDO，以致花旗集团在次贷危机中损失惨重，普林斯本人也只得黯然挂冠而去。

银行业三强中的老大身负重伤，老二老三似乎终于有了出头之日。美国银行老总路易斯按捺不住，斥巨资收购了房贷业市场份额最大的全国金融公司。按路易斯的如意算盘，美国银行在房贷相关产业的霸业将成。怎奈全国金融公司规模虽大，问题也是一箩筐，路易斯出手太早，花大钱买了个大包袱，美国银行也有在次贷泥潭中越陷越深的趋势。

到了2008年年初，三强中只有摩根大通受次贷问题影响不大，而且一直隔岸观火，颇合兵法“不动如山”之精义。摩根大通未出一招已居主动地位，幕后自有高人执掌，此人正是当年被花旗扫地出门的戴蒙！

戴蒙离开花旗后，出任第一银行总裁，几年时间就把个烂摊子整顿得有声有色。2004年摩根大通兼并了第一银行，据说摩根大通做这单并购的目标之一就是要把戴蒙挖过来，好让他将来继承总裁大位。这次没出意外，2006年戴蒙顺利接任。终于登顶成功的他看上去城府极深，眼神中隐然有几分戾气，与照片中年轻时代笑容灿烂、阳光的形象反差强烈——经历了人生的大起大落之后，也许他心中增添了几分“宁教我负天下人，休教天下人负我”的狠劲！

当贝尔斯登面临灭顶之灾的时候，一直冷眼旁观的“曹操”出手了！

※

3月14日，星期五，援救贝尔斯登的紧急行动开始，有关各方展开了一场微妙的博弈。

最着急的是肩负维护金融市场秩序责任的美联储。时间就是一切，必须赶在星期日晚间亚洲市场开盘前拿出解决方案，否则对全球金融体系的冲击难以预料！贝尔斯登的管理层自然也很急，眼看多年积累的事业和财富就要毁于一旦，他们肯定懊悔没有早点动手融资。至于有实力收购贝尔斯登的摩根大通，反倒处在最有利的位置，可以稳坐钓鱼台，静观其变。

直接威胁贝尔斯登生存的是流动性问题，它账上的房贷类问题资产太多，而短期融资市场拒绝这样的抵押品，贝尔斯登借不到钱了。因此美联储想到的第一招是直接输血，宣布将向贝尔斯登提供一笔为期 28 天的 250 亿美元贷款，并接受最令人疑虑的房贷相关资产做抵押。如果这笔救命钱能帮助贝尔斯登渡过支付难关，争取 28 天时间，就可以比较从容地寻找融资或并购等解决问题的方式。

但直接输血的方案当天就被推翻。美联储意识到，250 亿美元的紧急贷款不一定能保证恢复投资者信心。账上资产高达 3 000 多亿美元的贝尔斯登依然极度依赖短期资本市场，如果星期一投资者继续撤资，贝尔斯登还是要破产，到时候美联储的 250 亿美元都要搭进去不少，这个险绝不能冒！看来光是输血还不够，必须给贝尔斯登找个实力足够强大、能恢复市场信心的买主。

周末，并购谈判紧张进行。有意收购贝尔斯登的除了摩根大通，还有弗拉沃斯私募基金（J.C.Flowers）。弗拉沃斯基金首先开价：30 亿美元现金换取 90% 的股权，并要求美联储对贝尔斯登提供为期一年的借贷支持。面对这种情况，摩根大通的戴蒙会开出什么样的条件呢？他会出比弗拉沃斯基金高一点的价格吗？

戴蒙出了个跳楼价：2.4 亿美元买整个贝尔斯登！

“曹操”心里明镜似的，弗拉沃斯基金根本就是瞎起哄，贝尔斯登最需要的不是现金，而是“信心”，它弗拉沃斯基金能给吗？这些私募基金自己都属于空手套白狼，就算能拉几个大金主组个投资团，也是十八路诸侯讨董卓——各怀鬼胎。摩根大通就不一样了，资本雄厚，背靠庞大的商业银行，有储户存款撑着，对资本市场依赖度低得多。而且作为商业银行，摩根大通有向美联储直接借钱的权利，跟那些随时可能被市场断奶的投资银行根本不是一个档次。放眼天下，花旗自身难保，美国银行被全国金融的事整得焦头烂额，其他大一点的商业银行如美联银行（Wachovia）、富国银行（Wells Fargo）等也就是些“刘表”、“袁绍”式的角色，敢接贝尔斯登的也只有他戴蒙！所以就一口价：2.4 亿美元，爱卖不卖！

不但如此，戴蒙向美联储也提出苛刻条件：给贝尔斯登账上流动性最差的现价 300 亿美元的资产提供融资，而且如果出现坏账损失，摩根大通只负责最初的 10 亿美元，超额亏损由美联储兜着。狡诈的“曹操”看准美联储急于救场的弱点，顺手把问题资产的大包袱甩给了国家！

美联储只好“以大局为重”，同意了戴蒙的条件。现在所有目光都集中在贝尔斯登总裁施瓦茨（Alan Schwartz）身上，他必须在很短时间内做出决定：接受还是不接受？那一刻他也许想了很多：童年；奋斗的青春；两个月前临危受命接替“功首罪魁非两人”的凯恩出任总裁，却不幸成为“亡国之君”；未落实的中信 10 亿美元投资；摆在面前的 2.4 亿美元卖身契……施瓦茨的心中未必没有过“鱼死网破，同归于尽”的念头，但想想贝尔斯登这份家业，真宣布破产可能带来的各种官司……也罢，卖身契上把名签。

摩根大通漂亮地以 2.4 亿美元的总价拿下贝尔斯登，合每股 2 美元，与 2 月份贝尔斯登 90 多美元的股价相比，打了个 98% 的折扣。“曹操”真黑呀！

有摩根大通担保，贝尔斯登的投资者信心问题应该是解决了，美联储也终于松了口气。这一轮博弈以戴蒙“通吃”收场，然而下一轮博弈马上又将开始。各位读者不妨思考一下，被双方协议定为 2 美元的贝尔斯登股价会如何变动？

※

3 月 17 日，星期一，贝尔斯登股票在 2 美元的收购协议价左右开盘，之后却开始神秘地上涨，星期二竟达到了每股 8 美元！很多人都感到奇怪，这太不合常理了。网上一些“聪明人”发帖嘲笑购买贝尔斯登股票的“傻瓜”们：花 8 美元买将被 2 美元收购的东西，难道不是傻瓜吗？

假聪明人只看眼前，真聪明人棋能算到数招之后。被协议“定为”2 美元的贝尔斯登股票就是真聪明人发财的好机会。开始我也没搞懂，打了一圈电话收集消息后才恍然大悟：原来又是一场博弈，各方在花钱买投票权！

这桩并购能否最终定案，要看双方股东大会的表决结果。摩根大通那边不是问题，贝尔斯登这边就很难说，各方都有极大的利害关系。贝尔斯登的股票固然只值几亿美元了，但它还有面额数百亿美元的债券在投资者手中，如果并购案通过，这些债券就有了信用保证，如果通不过，贝尔斯登可能破产，债券投资者将遭受巨大的本金损失！为保证上百亿美元的资金安全，花点小钱买投票权算什么呢？何况市场上还有手持大量贝尔斯登信用违约保险（CDS）的投机者，他们当然希望贝尔斯登破产，决不能让投票权落到这些人手中！价值区区数亿美元的股票却掌握着数百亿美元债券和无数衍生品的生杀大权，难怪利益各方竞相抢购！真正精明的投资者算到这一步，即便没有利害关系也会进来炒一把，所以贝尔斯登股票大涨！

一星期后，迫于市场压力，也为了平息持有大量股票的贝尔斯登员工的愤怒，摩根大通宣布将收购价提高到每股 10 美元。作为新协议的一部分，摩根大通立刻获得了 39.5% 的贝尔斯登股权，并得到握有大量股票的贝尔斯登董事会成员支持并购的承诺，这等于确保了并购案可以顺利通过。这一轮关于投票权的博弈结束，“曹操”小损，不过他能趁火打劫以十几亿美元的总价拿下五大投行之一的贝尔斯登，也算成就了一段华尔街拍案惊奇。

※

围绕贝尔斯登的生死时速终于落幕，美联储与摩根大通挽狂澜于既倒，金融市场又恢复了暂时的平静。然而仔细思之，贝尔斯登事件的结局相当耐人寻味：股票投资者几乎赔了个精光，而债权投资者竟得以全身而退。次贷这么大的事情，仅仅是股票投资者受点损失就能了局吗？

不妨和2000年的互联网危机做个对比。高科技公司的资本结构基本都是股权，出了事股东赔光也就过去了，对银行业和实体经济充其量只有间接影响。而2007年开始的金融危机则是一场巨大的债权危机，我们可以简单估算一下，美国居民房贷总额在10万亿美元左右，而用作抵押的房产价值在几年前的牛市顶峰一般也不超过贷款额的130%，现在房价大跌，还款违约率飙升，问题房贷的潜在信用损失可能已经超过1万亿美元，如果再加上经济衰退导致的其他信贷损失，整个金融体系中积累的“窟窿”估计已达数万亿美元之巨。如此之大的亏损由谁来埋单？华尔街五大投行加上主要商业银行的股票总市值也不过万亿美元左右，看来仅是股东赔钱远远不够，债权人也很可能要受点损失了。

“债权人受损失”是件不得了的事情，因为这意味着银行破产。美联储能救一个贝尔斯登，未必还能救第二个、第三个，华尔街即将面临生死大劫！

乱世的血雨腥风就要开始了。

第三章 金融海啸

苍天已死，黄天当立，岁在甲子，天下大吉！

汉末民谣

13。小阳春

2008年3月16日，美联储帮助摩根大通收购了濒临破产的贝尔斯登，扶住了几乎倒下的第一张多米诺骨牌。但随后的3月17日，星期一，华尔街五强中的老四雷曼又上演了一幕惊魂，盘中雷曼股票一度下跌超过50%，到收盘时才有所反弹。很明显，投资者已成惊弓之鸟，任何负面消息甚至谣言都可能随时引发撤资挤兑。流动性问题威胁的决不止贝尔斯登，而是整个银行体系的安全！

扭转危局的责任自然又落到了中央银行身上，美联储不但依常规连续降低了短期利率，还出台了许多特别措施以增加银行体系中的流动性。从TAF，到TSLF，再到PDLF，美联储开出了一剂剂被媒体戏称为“字母组合汤”的救命药。仔细分析，这些名字拗口的新措施正反映了金融危机不断演进，以及美联储忙于招架的过程。

TAF（term auction facility）：这项措施于2007年12月12

日出台，美联储定期以拍卖方式向符合条件的商业银行提供短期贷款，目的是缓解商业银行之间顾忌信用风险而不愿向同业贷款的问题。照理商业银行本来就可以通过“贴现窗口”（discount window）直接向美联储借贷，但这会使投资者怀疑借贷银行已出现流动性问题，可能引起恐慌挤兑，所以各商业银行一般不愿使用贴现窗口。TAF 规定借贷者身份保密，作用类似贴现窗口而又不影响借贷银行的“名誉”。请注意，不涉及储户存款业务的投资银行无权使用 TAF。此时美联储依然严守传统职责范围，只对商业银行提供支持。

TSLF（term security lending facility）：该措施于 2008 年 3 月 11 日出台，美联储允许一级券商（primary dealers）用符合条件的资产做抵押，临时换取联储手中的国债。TSLF 是为了缓解券商手中非国债类资产的短期融资问题，同时缓解市场上国债过于紧俏的情况。至此，美联储开始超越传统界限，向商业银行之外的投资银行等提供流动性支持。

PDLF（primary dealer lending facility）：该措施公布于 2008 年 3 月 16 日，即摩根大通收购贝尔斯登的当天。美联储撕下面具，开始直接借钱给投资银行！PDLF 的核心是允许一级券商以符合条件的资产做抵押向联储借贷。随着危机的演进，美联储不断扩大接收资产的范围，逐步取代短期资本市场，当起了华尔街的“奶妈”！

2008 年春天，各项增加流动性的措施开始显现作用，加上拯救贝尔斯登的行动展示了美联储救市的"坚定决心"，投资者信心有了相当程度的恢复，封冻了两个多月的资本市场渐有解冻迹象。以市政债券市场为例，ARS 的拍卖流标现象减少，债券的发售量也大幅提高，资本市场的融资造血功能开始恢复。

借助 ARS"高利贷"生意的成功，我的交易职责范围扩大至所有短期债券。与流通性低、成交量少的住房债券不同，短期市政债券是个相当热闹的领域，尤其是 ARS 市场封冻后，发债机构纷纷以 5 年左右的定期债券取代 ARS，导致短期市政债券的发行量大增。我每天在电话上忙个不停，很快就发现了一个有趣的现象：债券市场"返璞归真"了。

首先是债券结构变得简单，全是最传统的定息定期债券，危机前那些花里胡哨的浮动利率、公式利率债券统统没了踪影。其次，投资者的构成有了很大变化。危机前占主导地位的是我们这样的套利交易者，反正借钱容易，大家见到稍微便宜一点的债券就会下大单抢购。2008 年年初的借贷危机让市政债券相对于国债变得出奇的便宜，照理套利交易者正该放手大干，但他们中的绝大部分都刚刚遭受重创，不敢也不能再像以前那么"玩儿"了，市场的主导力量变成了有真实投资需要的老百姓和机构投资者。

这些"真钱投资者"（real money investor）购买金融产品用的是自己的真金白银，不需要依靠融资，他们填补了套利交易者撤退留下的真空，扮演了"市场拯救者"的角色。当流动性危机开始缓解后，他们纷纷把钱从货币市场基金、国债等“避风港”抽出来，投入因危机而变得十分便宜的市政债、企业债和股市等。于是2008年春天，金融市场出现了一波“小阳春”。

对于刚刚经历大难，正在“疗伤”的各大银行来说，这是一个宝贵而短暂的融资窗口。

※

2008年4—6月，美国金融市场有相当程度的反弹，国际上石油、农产品等原材料和初级产品价格不断上涨，似乎预示着世界经济仍将是一片荣景。“脱钩论”又开始流行，支持者们相信中国等金砖四国的强劲增长将带动发达国家走出低谷。然而此时，美国国内的情况却悄然发生了变化。

在次贷问题浮出水面后的一年多时间里，危机都是围绕金融市场展开的。从夏季风暴到贝尔斯登陷落，直接原因都是投资者信心和由此引发的流动性危机，实体经济尚未感受到太大压力。但到了2008年春天，金融危机的延迟效应逐渐在实体经济中发酵，美国经济最重要的指标——失业率，开始明显上升。

美国经济是消费和房地产相关投资为主导的结构。消费占据GDP的70%，房地产直接投资虽然只占GDP的5%左右，但通过对材料、装修、耐用消费品等经济领域的影响，起着牵一发而动全身的作用。而失业率和房价又是决定消费和地产投资的关键性因素。简单说，失业率、消费、房价和地产投资就好比《红楼梦》中的四大家族的关系：一荣俱荣，一损俱损。在次贷危机前的几年金融“盛世”中，成本低廉的按揭促使房价上涨，进而带动地产投资，降低了失业率，促进了消费，繁荣的经济又进一步增加了房地产需求，形成一个良性循环。次贷危机爆发后，房价下跌，导致按揭违约增加，按揭申请变得困难，令房价进一步下跌，在金融市场与地产市场间形成一个小恶性循环。几个月之后，危机对实体经济逐渐产生影响，失业率、消费、房价和地产投资之间相互扯后腿的大恶性循环开始出现。

2008 年春天到初夏是一段相当特殊的时间，一方面，金融市场情况好转，出现了一个融资窗口；另一方面，实体经济却渐渐被拖向衰退，一场更大规模的危机正在酝酿之中。各大投行在这段“小阳春”时期的行动将在很大程度上决定它们的命运，美林和雷曼就是两个截然不同的案例。

※

想让一艘迷航的船纠正航向，最好的办法是换一位船长。

五大投行中，最先遭遇次贷危机重创的美林就是一艘严重迷航的船。前任老总奥尼尔（E.Stanley O’Neal）把宝都压在次贷和 CDO 上，又大幅增加杠杆，令美林在危机的第一波中就被冲了个趔趄。董事会临阵换将，聘请纽约证交所老总塞恩（John Thain）接替奥尼尔。

塞恩曾是一名房贷债券交易员，曾长期担任高盛首席运营官，对市场自有一种敏锐的感觉。更重要的是，他是“空降兵”，没有历史包袱，能大刀阔斧地解决问题。如果还是前任奥尼尔，难免会觉得这块业务是自己搞的，舍不得卖掉；那些资产价值被低估，不愿意割肉，改革起来很难雷厉风行。塞恩则不同，奥尼尔收集的“宝贝”在他看来都是包袱，是前任造的孽。他上任后基本就在做两件事：一手“变卖家当”，一手融资补窟窿。当2008年夏天金融市场又出现恶化迹象时，他加快了变卖资产的速度，把美林账上面值306亿美元的CDO以67亿美元的超低价出手，同时增发股票弥补缺口。塞恩甚至把包括彭博公司（Bloomberg L.P.）股权在内的优质资产也脱手换了现钱。

塞恩上任后不到一年就处理了大量资产，并累计融资近300亿美元。表面看，他是“崽卖爷田不心疼”，其实正如古语所说：扬汤止沸，不如去薪；溃痈虽痛，胜于养毒。塞恩果断切除了美林身上许多“瘤子”，同时吸收新资本以补气血，让美林稳住了阵脚，最终免遭灭顶之灾。

再来看看雷曼。这家投行的老总福尔德（Dick Fuld）虎体猿班，鹰视狼顾，一看就是很有性格的人物。他原是空军飞行员，因为和指挥官打架而被迫退伍，改行当了交易员。打架退伍这件事很能反映福尔德不管不顾的性格，在公司管理中他也颇有几分军阀作风，容不得不同意见。福尔德掌权的十几年间雷曼业务蒸蒸日上，俨然有“小高盛”的气势。他也因此成为华尔街上很受尊敬的一位“老船长”。

2007 年的第一波次贷危机中，雷曼大量使用衍生品对冲，避免了重大损失。初期的胜利让福尔德放松了警惕，不但没有利用市场反弹减仓，反而增持了某些房贷类资产。2008 年危机扩散，雷曼也开始暴露出问题，3 月份其股票几度突然暴跌，使其几乎遭遇和贝尔斯登相同的命运。面对警讯，福尔德虽然有过几次融资动作，但基本是被市场推着往前走。在处理问题资产方面，他动作更是缓慢。事后透露出的情况表明，当时福尔德没有意识到"保命"已是最重要的问题，心思还放在如何赚钱上，以至于总也舍不得在市场底部变卖资产。

雷曼的情况持续恶化，但大部分投资者和分析师还是相信久经考验的福尔德能挽救困局。可是雷曼这艘迷航的船却在"老船长"福尔德的指引下继续沿着错误航线行进。只有少数明眼人看出了问题，有位分析师尖锐地指出：雷曼应该换老总，如果还是福尔德掌舵，行动必然缚手缚脚，"泰坦尼克号已经撞上冰山，把甲板上的椅子重新摆摆"解决不了问题。

实际上雷曼内部也有人看出形势严峻，但一言堂作风的福尔德却凭借他的威望硬是把不同意见压了下去。对于雷曼的房贷类资产问题，福尔德的态度是"能藏则藏，能拖则拖"。例如 2008 年一季度商业地产抵押债券（CMBS）指数下跌 10%，而雷曼账上的 390 亿美元的这类资产却只减记 3%。掩耳盗铃的做法只能会使问题越积越大，一些金融秃鹫盯上了已经受伤的雷曼。

从 4 月起，绿灯对冲基金（Greenlight Capital）经理爱因霍恩（David Einhorn）多次公开质疑雷曼的财务状况，包括瞒报CDO持有数额和问题资产减记不充分。爱因霍恩直截了当地指出：雷曼资本不足，杠杆率太高，会有大麻烦。他毫不掩饰自己的基金正大量放空雷曼股票。对爱因霍恩的指控，雷曼管理层矢口否认，首席财务官卡兰（Erin Callan）在媒体上与爱因霍恩展开唇枪舌战。这两个人都是华尔街冉冉升起的新星，一位是三十多岁身家巨万的对冲基金经理，一位是四十出头伶牙俐齿的大投行女财务官，两人掐架吸引了不少眼球。如果是家网络公司，吸引眼球未必是坏事，但雷曼是杠杆率近30倍的大投行，每天仰仗资本市场“奶水”，吸引眼球的后果是让所有人都知道了雷曼潜在的问题，播下了不信任的种子。

6月初，雷曼公布了二季度财报，果然出现大量坏账损失，不得不紧急融资60亿美元应对，事实证明爱因霍恩的指控并非空穴来风。为平息股东愤怒，福尔德撤换了包括卡兰在内的一批高管，由雷曼内部的另外一些人顶替。

船已经触礁了，可雷曼还是没有换船长，只是把甲板上的椅子又重新摆了摆。

14。二美落难

6月下旬，位于加利福尼亚州的因迪美银行（IndyMac Bank）成为市场瞩目的焦点。因迪美是一家储蓄信贷银行（savings & loan），它一手吸收储户存款，一手发放以住房按揭为主的各种贷款，从中赚取利差。因迪美的主要业务既非次级房贷，也非传统的优级房贷，而是介乎两者之间的“次优级房贷”（Alt-A mortgage）。随着次贷危机的演进，次优级贷的违约率也不断上升，因迪美的账面上出现很大亏空。消息传开，储户排起长队争相提取存款，银行家们最恐惧的事情发生了：挤兑。

因迪美无力应付，很快进入破产状态，被美国政府接管。这件事明确无误地显示，次贷“癌细胞”已经扩散到其他房贷种类。

因迪美的“美”字在英文中是“房贷公司”（Mortgage Corporation）的缩写。美国地产金融业这样的“美”还有好几个，最有名的当然是房利美和房地美这“两房”。“小美”因迪美垮了，两位“大美”也悬了。

※

拥有自己的住房是“美国梦”非常重要的一部分。住房拥有率高的国家人民幸福感高，社会也比较和谐，所谓“有恒产者有恒心”，因此美国政府一直把住房问题，尤其是中低收入阶层的住房问题当作一件大事。他们没有走“经济适用房”的路，而是选择通过金融市场解决问题，如果能让老百姓以较低的利率，较容易地借到住房按揭，不就能帮助更多的人买上房子吗？而且人们为了还贷款会更努力工作，还能促进经济发展，一箭数雕的好事，两房遂应运而生。

两房的主要作用是为老百姓买房子提供贷款便利，它们通过直接从银行手中购买住房按揭、提供按揭保险等方式为房贷市场提供资金。其实这些事银行也能做，但两房和私有银行相比有一个极为重要的优势：它们是半国有性质，有美国政府的隐性信用担保，融资成本比信用最好的银行还低。两房把节省下来的利息开支一部分用低息住房按揭的方式转移给购房者，另一部分变成利润放进股东的腰包。

在债券市场上，与两房有关的债券主要有两种。第一种是它们发行的融资债券，又称政府机构债券（agency debt），总面额约 1.6 万亿美元。两房靠这些债券筹集运营资本，然后投资住房按揭以获取利差。第二种是两房担保的按揭抵押债券（mortgage backed securities，MBS），总面额在 5 万亿美元左右。这些按揭抵押债券的本息收入来自借款者的还款现金流，如果出现违约，则由两房负责支付债券本息。与两房相关的两类债券都有美国政府的隐性担保，所以很受机构投资者，包括海外投资者的青睐。

应该说两房是一项了不起的创造：国家属于人民，用国家的信用担保低息融资，以帮助老百姓获得低息贷款买房，实在是天公地道的事情。美国国民的住房拥有率高达70%，这离不开两房和它们赖以融资的债券。但两房在组织结构上有很大问题：它们有国家的隐性担保，却是股东拥有的私人企业。赚了钱股东分红，赔了钱纳税人埋单，这是个根本性的利益冲突。

两房的最基本盈利模式和其他银行一样：利差+杠杆。前面讨论过，“华尔街模式”的本质就是使用杠杆，而把握杠杆的大小分寸又是件非常微妙的事情。有一个有趣的现象：多数情况稳定的大银行的信用评级都是双A，为什么既不是单A，也不是三A呢？这其实是杠杆与信用风险间平衡的结果。三A评级说明杠杆太低，股东的回报率受影响；单A评级则意味着杠杆太高，信用风险增加，融资成本将上升。因此私有银行，特别是投资银行，都是在杠杆和信用风险之间走钢丝，哪天一个不慎就是贝尔斯登的下场。

在这方面两房具有得天独厚的优势，有美国政府做靠山，它们怎么“玩儿”债券都是AAA评级！“亲娘”美国政府对两房十分纵容，在资本充足率等方面都网开一面，本意是让两房好好为人民服务，实际上却助长了它们的投机行为。我在工作中就曾发现，有些明明是投资银行做的结构债券（structured notes），最后却贴上房地美的标签。举个例子，如果高盛做的债券以本身名义发行，就有高盛的信用风险，只能卖98元；以房地美的名义发行就变成“准国债”信用等级，可以卖100元。多出的2元高盛和房地美一家一半，皆大欢喜。房地美利用自己的特殊地位做与按揭无关的担保，赚取“保护费”，信用风险的包袱当然落在了纳税人身上。

两房的财务报告显示，2007年年底它们的净资本为800多亿美元，持有资产和担保的总额超过5万亿美元，杠杆率高达60倍，远远超过垮台前的贝尔斯登和当年的LTCM！两房之所以有恃无恐，靠的是美国政府的隐性担保和由此而生的投资者信心。然而随着金融危机的不断加剧，这种信心开始像骄阳下的巧克力般融化了。

※

两房对次贷市场有相当程度的介入，在2007年开始的次贷危机中已遭到很大损失。2008年美国经济出现衰退，失业率上升，一部分优级贷款的借贷者因为失业而供不起房子了，两房投资和担保的优级房贷的信用损失也开始明显增加。以两房60多倍的杠杆率，只要投资和担保的5万多亿美元房贷中出现1.5%的信用损失，它们的本钱就会赔光。投资者看到这点，纷纷抛售两房股票，基本关闭了它们的股市融资渠道。另外，两房债券利率也开始上升，对高杠杆经营模式的两房来说，融资成本提高无疑是雪上加霜。

美国国内对两房一直存在争议。批评者认为它们借政府隐性担保为股东牟利，不符合纳税人利益。当两房出现问题后，反对政府介入的声浪不小。但两房支撑着房贷市场的半壁江山，美国政府知道必须拉一把，又不好动作太大，就想“动口不动手”，尽量通过“拍胸脯，打包票”的方法恢复投资者信心，然后靠正常市场途径解决问题。政府官员和国会议员多次放话支持两房，无奈投资者不买账，更有一批金融秃鹫拼命放空两房股票。以对冲基金为主的秃鹫们相当精明，他们算准了无非有两种可能：两房破产，股票会变成零；即使美国政府出手援救，也只能是贝尔斯登式的结局，债权人得救，股东赔光。

到7月初，两房已经有流动性问题的迹象。因迪美的垮台和雷曼一份关于两房财务状况的报告更加剧了资本市场对两房的压力。很明显，靠它们自己的力量是撑不下去了，美国政府只得走到前台。

美国政府出手也是迫不得已。如果任由两房垮台将在三个方面造成巨大负面影响。首先，按揭市场将完全陷于停顿，对房市乃至经济都将是致命打击。其次，持有大量两房债的美国金融机构将垮台，整个银行体系面临崩溃。最后，一旦持有大量两房债的海外投资者遭受损失，他们可能从美国撤资，令美元资产价格全面崩盘。

7月中旬，美国联邦各机构通力协作，打出一套组合拳。财政部宣布：美国政府将担保两房债务，变隐性担保为明确承诺，并表示将在必要时直接向两房注资；美联储宣布：允许两房从贴现窗口借钱，以帮助解决流动性问题；美国证券交易委员会（SEC）则宣布：暂时禁止“裸卖空”（naked short）金融类股票，以遏制秃鹫们趁火打劫。

三板斧出台，两房的“命”暂时保住了，但房市和经济的问题没解决，两房还在不断赔钱，不断失血，而低迷的股价使它们很难从市场融资补血。美国政府刚治了两房的“心肌梗塞”，眼看它们又因“慢性出血”奄奄一息。没办法，政府必须大笔掏钱了。9月7日，美国政府宣布接管两房，更换管理团队，并直接注资2 000亿美元。可怜的美国纳税人，终于为被“惯坏”的两房埋单了！

消息一出，几家欢喜几家愁。美国政府的注资是股权，偿付优先级别在债权之后，但在原来的普通股和优先股之前。包括多家中资银行在内的债券投资者们长出了一口气，他们手中债券的信用级别提升到国债等级，本金不会受损失了。股票投资者们则再次成为牺牲品，不但股权被大大稀释，而且以后很难再拿到任何红利。两房股票应声暴跌90%，一年前还是七八十美元的股价只剩下1美元，金融秃鹫们又猜对了！

美国政府出手救了两房，等于承认房贷市场的信用问题已经到了病入膏肓的地步。这次拯救行动的结局和贝尔斯登事件一样耐人寻味：股权投资者又几乎赔了个精光，债权投资者再次全身而退。金融体系中出现了万亿美元级的亏空，难道债权人真能不受损失？

※

从贝尔斯登到两房，“援救”（bailout）这个词不断出现。援救之间有何不同？美国政府又怎样决定救还是不救？我本来也是一头雾水，直到某天忽然想起十几年前的一部著名电影《活着》中的一段台词，方才恍然大悟。

影片中，葛优扮演的福贵少爷被皮影戏班主龙二设局，在赌场上输掉了自家祖传的一院儿房子。不久后，穷困潦倒的福贵少爷不得已又回到自己的老宅，向龙二求助。

福贵少爷：“想借点儿钱，在镇上开个小铺儿。”（笔者记忆，未必一字不差。）

龙二：“唉呀，这自古以来，可都是救急不救穷呀……这样吧，我就实实在在地救你一回穷！”

龙二拿出皮影戏道具，边欣赏边感叹：“好东西，真是好东西呀！”

福贵少爷从此开始唱皮影戏为生。

美联储和美国政府通常的救市原则其实也就是龙二那句话：救急不救穷。企业面临破产的原因大体有两种：一种是真的资不抵债，确实没法还钱了，这是“穷”；另一种是还有足够资产，但一时无法变现，又借不到钱，故而不能按期还债，这是“急”。贝尔斯登应该算“急”，美联储为它的300亿美元问题资产担保，事后似乎也没真赔钱，所以援救行动还算说得过去。两房可就是“穷”了，以它们60倍以上的杠杆和房贷市场空前的问题，两房恐怕早已资不抵债。美国政府照理是不应该救的，但又不得不救，政府非但明确担保5万多亿美元的两房债，还直接投入2 000亿美元巨资购买股权，“实实在在救了一回穷”。这种“纳税人掏钱救华尔街，救外国投资者”的行为遭到各界猛烈批判，令一手导演拯救两房行动的财政部长保尔森有苦难言。面对舆论的口诛笔伐和国会议员们的政治压力，保尔森认识到必须得和华尔街坏小子们划清界线，向世人证明自由市场经济是有风险的，美国政府绝不会为所有人埋单。

保尔森决心要“在沙地上清楚地划出一条红线”。机会马上就来了。

15。沙地中的红线

雷曼兄弟公司的总部大楼位于纽约第七大道和第四十九街交汇处，距游客云集的时代广场仅数街之遥。这栋大楼在外形上有点像带塔楼的城堡，仿佛象征着雷曼占据世界金融市场制高点的地位。大厦外表有个巨大的液晶屏幕，滚动展示着美轮美奂的图案：高山峻岭、大海长桥，配合雷曼的公司标记，气势恢弘、卓然大家。

我每天清晨上班都要经过雷曼正门，走出地铁站就会看到西装革履的金融精英们鱼贯进入雷曼大楼，一股华尔街的气息扑面而来，让人精神一振。从那些朝气蓬勃的年轻面孔到设计新潮现代的大楼，拥有150多年历史的雷曼兄弟公司竟处处使人感受到旭日初升的锐气。的确，十几年来在“老船长”福尔德的带领下，雷曼在华尔街上升势头迅猛，员工也倍感自豪，“身体里流淌着绿色的血”（雷曼公司标志为绿色）成为骄傲的自我描述。

雷曼向来号称“债券大王”（Bond House），房贷抵押债券尤其是强项。近十年间雷曼把握时机大力发展次贷和 CDO 等新型债券产品，从上游借出按揭（mortgage origination）的贷款公司，到资产打包流水线，再到面向投资客户的销售和交易部门，建立了一条完整的房贷资本流动产业链，借助美国的房地产牛市一飞冲天。这些复杂产品对研发、风险控制，乃至 IT 系统的要求很高，雷曼也非常重视基本建设，常年在华尔街“军备竞赛”中居于领先地位。

说来很巧，2006 年我曾作为伯克利的五人小组成员在雷曼总部大楼参加过该公司和卡耐基梅隆大学联合举办的“商学院金融工程案例竞赛”，并夺得冠军。记得那次的案例是为一家中国公司量身定做涉及两种货币的外汇利率掉期，并用多因子利率模型定价。那几年华尔街就是这个风气，产品越复杂越好，模型越高深越好，雷曼应该算是“金融高科技”中的翘楚。仿佛古希腊神话中那位爱上自己影子的美少年纳西瑟斯（Narcissus），雷曼管理层也迷恋上自己“无所不能”的风险管控模型，以至于在次贷危机来袭时没有果断切除问题资产毒瘤，而是企图用各种衍生产品对冲风险，顺便借市场的“不理智行为”赚取利润。该战术在 2007 年效果不错，让雷曼基本避开了次贷问题的第一波冲击，管理层放松了警惕，不但没趁市场短暂反弹的时机减仓，反而“抄底”增持了某些房贷类资产。到 2008 年上半年，雷曼的房贷相关资产占总资产比重已是华尔街投行中最高，更可怕的是，那些对冲措施渐渐不灵了。其中的原因本书中已多次阐明：对冲机制的有效性往往建立在市场流动性充沛，玩家“按常理出牌”的基础上；当流动性退潮，特别是在杠杆投资者面临“生命危险”争相逃命的市场中，玩家们不可能也没条件按常理出牌。对于眼看就要因为拿不出结算所需现金而倒闭的对冲基金来说，什么“长期价值”、“套利机会”都毫无意义。就如同乱世中快要饿死的人会用一两金子换一个馒头，金融乱世中投资者们为求自保也会做出各种“不理智行为”，破坏金融产品价格间的常规逻辑关系，把依靠复杂模型对冲的玩家拖下水。从 LTCM 到阿尔法基金，这样的例子太多了。雷曼不记前车之鉴，安能不蹈前人覆辙？

2008 年年中，次贷“癌细胞”向其他房贷类资产扩散的迹象逐渐明显，持有大量这类资产的雷曼处境日益险恶。自从贝尔斯登垮台后，华尔街剩余四大投行中规模最小的雷曼明显可能成为投资者恐慌和金融秃鹫攻击的下一个目标。美联储和财政部知道其中利害，一直暗中催促雷曼解决问题，但令人遗憾的是，福尔德的行动不够坚决果断，一再贻误战机。据说某次保尔森在电话中劝说福尔德赶紧想办法，福尔德竟粗暴地回应：“我掌舵雷曼的时间比你执掌高盛的时间还长！”也许就是这句话，令他得罪了一个不能得罪的人。

在此我们不妨分析一下困境中雷曼的可能对策。各位读者请放心，不会用到高深的数学公式，要从宏观上理解华尔街的运营模式和战略攻防，多数情况下算术就足够了，请看雷曼案例。

截至 2007 年年底，雷曼账面上资产总值约 7 000 亿美元，减去各种负债后的公司净值约200亿美元，杠杆率为35倍，这已经过高。2008年上半年雷曼的房贷类资产问题逐步曝光，损失可能达百亿美元，公司蚀了本钱，变成100亿美元净值支撑6 900亿美元资产，杠杆率骤然冲高到近70倍，一旦投资者恐慌撤资，雷曼马上会因流动性问题而像贝尔斯登那样“突然死亡”。美联储为防范第二个贝尔斯登出现，采取了多项措施增加系统中的流动性，包括直接借钱给雷曼在内的诸投资银行。这些举措相当于给“重病”的雷曼插上了输液管，可以一时维持其生命，但真正解决问题还得靠雷曼自己，核心是把过高的杠杆率降下来。很明显，无非有三招：

- 变卖资产，降低杠杆率的分子。
- 出售股权融资，增加杠杆率的分母。
- 干脆把雷曼整个卖给一个大型银行集团，傍个大款，一了百了。

要快速化解雷曼问题对金融体系安全的威胁，最好是用第三招“傍大款”。美国政府很希望雷曼赶紧把自己卖出去，但公司管理层尤其是福尔德本人对并购十分抵触。一方面，并购可能损害股东利益；另一方面，福尔德也不愿将倾注了心血的事业“拱手让人”——你叫孙权归顺曹操，裂土封王他也不干。

雷曼要保持独立，只能用另外两招。第一招“变卖资产”单独使用见效太慢，因为要短期内出售几千亿美元资产而不冲击市场价格是“不可能完成的任务”。第二招“融资造血”是最短平快的方法，只要出售200亿美元股份，雷曼的杠杆率马上就降到二十几倍，而且手中多出大把现金，流动性问题也解决了。以国际金融市场的规模，融资几百亿美元并非不可能，危机中花旗、瑞银、摩根士丹利等都融过大钱，像淡马锡（新加坡国家主权基金）这样的大金主，一次出手往往就是上百亿美元。然而福尔德卖股权也不情不愿，雷曼这份苦心经营十多年的家业为什么要分给别人？怎么卖都是贱卖啊！

2008年4月和6月，雷曼两次融资共100亿美元，刚够补上减记的窟窿，又卖掉部分资产，降低了一些杠杆率。福尔德大概觉得做得够了，可是被次贷问题弄得草木皆兵的投资者看到雷曼账面上还有那么多房贷类资产，尤其是那300多亿美元没有充分减记的商业地产相关资产，很自然地想到：如果这些资产再有个百分之几十的损失，雷曼的杠杆率不是马上又要跳高，甚至可能资不抵债吗？

雷曼股票走势明显反映出投资者不断增加的疑虑，2008年年初雷曼股价还有60多美元，之后持续走低，到8月份已在十几美元徘徊。资本市场亮起了红灯，然而曾带领雷曼数次渡过难关的福尔德还是坚信此番也必能化险为夷。他既没有积极寻求并购机会，也没有前瞻性地果断大举融资。9月初，形势急转直下，美国政府接管两房，等于承认房贷类资产问题已极为严重，持有大量这类资产的雷曼，已是一个火药桶。

※

重大历史事件的爆发，常是一桶火药加一根看似不起眼的导火索。

秦施暴政于天下，然后有因雨失期的陈胜吴广率疲弊之卒，将数百之众，转而攻秦。协约国和同盟国对峙已久，然后一位塞尔维亚青年行刺奥匈帝国大公的行动引发了第一次世界大战。2008 年 9 月，点燃雷曼这桶火药的导火索竟在重洋万里之外的韩国：9 月 9 日，星期二，韩国产业银行（Korea Development Bank，KDB）宣布，终止与雷曼的投资磋商。

数月前就传出雷曼与 KDB 接触的消息，指韩国方面有意出资 50 亿美元以上购入雷曼股权，这曾一度令雷曼股价反弹。战略投资者介入至少能在两方面起安抚市场人心的作用：第一，新资本能帮助降低杠杆率和增进流动性；第二，如果做过仔细研究的大金主认为雷曼还有投资价值，就说明该公司的问题并没有那么严重。KDB 的老总以前是雷曼韩国分公司的负责人，对老东家有感情，大概也希望和“门第高贵”的华尔街著名投行联姻。然而双方谈判却因为价格上的细枝末节拖延了很久，据说 KDB 愿出 26 美元一股，而雷曼方面坚持 28 美元。也许福尔德确实不愿“贱卖”，但为了两块钱死不松口，也太不给韩国人面子了。到了生死存亡的关口，已然求救于人的地步，还端着“华尔街著名投行”的架子，真是可悲可叹。

这笔拖而不决的交易终于拖出了问题。9月7日，美国政府忽然宣布接管两房，在它们的资本结构（capital structure）中横插进2 000亿美元投资，并迫使两房接受苛刻条件：政府投资的偿付优先级别在普通股和优先股之前。这一来，两房股东的权益被政府“人为牺牲”，给有意购买银行股权的投资者浇了一桶冷水：有贝尔斯登和两房的先例，谁还敢当股东？第二天，韩国金融监管机构就以东方人的委婉方式表达了意见：“KDB应以极为谨慎的态度对待注资雷曼问题。”转天KDB就发表声明，终止与雷曼的谈判。

消息一出，雷曼股价应声掉到8美元以下。熟悉的一幕再次上演，求自保的投资者和趁火打劫的金融秃鹫联手扼住雷曼的咽喉：股价暴跌关闭了雷曼的融资渠道，信用保险价格飞升加剧了雷曼债主们的恐慌，他们纷纷撤资或要求增加抵押品，现金像泉水一样流出雷曼大门。

雷曼管理层还企图安抚人心，紧急召开说明会，表示将出售旗下优质资产以增加流动性，并计划剥离房贷类问题资产以切除毒瘤。投资者当然不买账：这些慢药能救雷曼的急病吗？福尔德老船长，您早干什么去了？！

9月11日，星期四，雷曼股价落到了4美元以下。7年前的这一天，雷曼位于世贸大楼的总部毁于恐怖袭击。或许是注定天数，7年之后的“9·11”，雷曼再度遭遇大难，它还能死里逃生吗？

这天早晨，我又收到了鲁西银行风险控制部门发来的加急电邮，标题是：

“黑名单紧急更新：雷曼兄弟公司，限制交易。”

※

火药桶的导火索已在嗤嗤燃烧，此时要拯救雷曼，就剩下“傍大款”这一招。

早就有了解福尔德的人指出：能卖的时候他肯定不卖，一定要等情况糟糕到卖都卖不出去的时候才动手。果然不幸言中。眼看雷曼就要崩溃，福尔德才终于表示要把公司整个卖出去，可是买家在哪呢？

摩根大通刚吃掉了贝尔斯登，自然不会对情况差不多的雷曼感兴趣。花旗自身难保，况且它投行业务比较强，雷曼也带不来多少附加价值。美国银行倒是不错的“新郎人选”：它的投行业务较弱，老总路易斯又是“并购狂人”，一直想买个投资银行。可惜这位“钻石王老五”另有“意中人”——人家看中的是美林。路易斯是商业银行出身，最注重销售网络和客户资源，所以他才早早下手吃掉全国金融公司。华尔街五大投行中，美林的销售网最大，它通过上万名经纪人掌握着大量富人客户，不但代客理财业务出众，而且在承销股票和债券方面拥有得天独厚的直销优势。路易斯梦寐以求的是美林的销售网，至于雷曼的房贷产业链，也许在福尔德心中是个宝，在路易斯眼里可能就是一堆破烂：全国金融公司的那些房贷问题已经够闹心了，再来个雷曼？

美国银行在政府催促下开始和雷曼进行并购谈判，但还斜眼盯着美林。保尔森也知道美国银行这桩“亲事”不见得靠谱，只好将眼光转向外资银行。适逢乱世，外资银行多数深陷次贷泥潭，几家还有实力的也未必愿意接雷曼这个烫手山芋。算来算去，只有英国的巴克莱银行是个“态度严肃的追求者”。巴克莱规模够大，虽北美的投行业务二流，但有跻身一流的野心，雷曼正好能帮其达成夙愿。

星期四和星期五两天，市场紧盯雷曼并购案的进展。随着巴克莱的“亲事”渐渐有了眉目，股票指数开始反弹，很多投资者都以为一场贝尔斯登式的“拉郎配”将解决雷曼问题。其实巴克莱也有一本小九九，它想要的是雷曼的投行业务能力，对雷曼的问题资产则心怀恐惧。有贝尔斯登的先例在，巴克莱自然向美国政府提出了同样要求：雷曼可以买，但它账上的300多亿美元商业房贷资产不要。

保尔森一看，坏小子们又想让政府埋单，表明立场的时候到了！星期五，他公开宣称：雷曼的事情由银行界自行解决，政府只起协调作用，决不会动用纳税人一分钱。

保尔森在沙地上划出了一条红线。

※

看到保尔森的声明，我马上意识到雷曼事件可能有出乎意料的糟糕结局。在那天的交易日记中我写道：

“雷曼杠杆率太高，资产达7 000亿美元，超过美国银行账面资产的1/3，谁敢在没有政府协助的情况下买下雷曼，就会把雷曼的问题资产买到自己账上，就可能引进‘雷曼病症’，没人敢冒这个险。因此并购案将困难重重，雷曼债权人很可能遭受损失。”

周末，纽约联储大楼冠盖云集，又是一场与时间赛跑的紧急援救行动，雷曼同时与美国银行和巴克莱进行并购谈判。美林的二号人物弗莱明（Greg Fleming）一看急了眼：美林的情况比雷曼好不了多少，如果美国银行买下雷曼，金融秃鹫的攻击目标很可能转向美林，到时候谁来救咱们呢？于是弗莱明催促老总塞恩赶快和路易斯联系，好抢在雷曼之前把美林自己卖掉。塞恩倒很有几分不情愿：他嫌美国银行“门第不高”。

原来美国金融圈有个不好的风气：做投行的人常瞧不起做商业银行的，认为后者为了吸存放贷的琐事营营役役，哪能和“华尔街贵族”投资银行家们相提并论？像美国银行这样投行业务不行的，与其他大行相比似乎总是差一点点，在塞恩眼中大概只能算“卖油郎”。

但塞恩也知道美林问题严重，必须赶快想办法。他首先想到卖给高盛一部分股权，这倒能让高盛出身的塞恩找到“回娘家”的感觉；要不与摩根士丹利合并也行，大家也算门当户对。可时下高盛和大摩也是风雨飘摇，和美林一样成了落难王孙，即便能拿出点钱，也未必能恢复市场对美林的信心，要救美林还是得找个商业银行“大款”才稳妥。弗莱明对这点看得很透，经他一番陈说利害，塞恩虽然看不上“卖油郎”美国银行，无奈之下也只得向路易斯送上秋波。

路易斯见到倾慕已久的“华尔街公主”抛来媚眼，当下就把雷曼甩在一边。塞恩又适时地表示：“我们还有其他选择”——大概指的是高盛和大摩那两个破落贵族。路易斯一看可能“花落别家”，顾不得仔细讨价还价，就和美林达成了每股29美元的收购协议，这个价格竟比美林股票周五的收盘价高出70%！保尔森听到美林和美国银行“订婚”的消息，知道美林崩盘的风险解除了，难掩心中喜悦，哪还管什么“门第”，激动地命令老部下塞恩：“约翰，你一定要完成这单并购！”

美国银行用500亿美元的大价钱收购美林，与摩根大通十几亿美元超低价吃掉贝尔斯登的先例形成鲜明对比。路易斯后来说收购美林是政府逼着做的，但谁知是不是见到“华尔街公主”落难，一时起了侠义心肠呢？彩礼虽然多花了些，毕竟“抱得美林归”，美国银行一举跃入华尔街主流，也算“卖油郎独占花魁”。

美林的问题解决了，雷曼和巴克莱的谈判也取得了实质性进展。这桩并购案的难点在于雷曼账上的几百亿美元问题资产，巴克莱不要，美国政府也拒绝像摩根大通收购贝尔斯登一案中那样提供担保。保尔森毕竟是投资银行家出身，玩并购的高手，他力主采用“分而治之”的解决方案：组建一个300亿～500亿美元的援救团（consortium），资本由各银行分摊，把雷曼的问题资产买下来，然后巴克莱购买雷曼的剩余部分。

“援救团”是1998年拯救LTCM时的老套路，不过那时只用了36亿美元，而今却要400亿美元上下，看来十年间华尔街“颇有长进”。组援救团最怕人心不齐，当年LTCM一案中就是两家最难搞：死不出钱的贝尔斯登和刁钻条件一大堆的高盛。现在贝尔斯登没了，高盛的布兰克芬也不敢拆老领导保尔森的台，援救团的事倒是出奇地顺利。眼看雷曼就要得救，并购案却卡在一个看似不起眼的小节上：巴克莱是家英国银行。

原来依据英国监管法规，并购案需经股东大会投票通过才算数——这与美国法规并无二致，但下面一条却很要命：在此之前，巴克莱不能担保雷曼的交易，因为这将构成“实质性并购”。

股东投票最快也要几天时间，这期间雷曼还得开门营业，如果投资者继续撤资，雷曼很可能撑不到并购案过关就会因为交易无法结算而破产。在贝尔斯登一案中，摩根大通在美联储协助下担保了过渡时期贝尔斯登的所有交易，现在谁来为雷曼提供担保呢？

眼看就要逃出生天的雷曼，撞上了保尔森在沙地上划出的那条红线。

美国政府拒绝为雷曼提供担保。保尔森要英国监管机构豁免有关规定，英国佬把头摇得跟拨浪鼓似的：我们自己金融体系里麻烦事已经够多了，为救个美国投行开后门？没门！

巴克莱还想劝说美国政府改变主意，然而保尔森态度十分坚决，美联储也未提出异议。关于保尔森坚持不救雷曼的原因，也许将永远成为埋在他心底的一个谜。是对“道德风险”的担心？是没料到雷曼破产的严重后果？还是他和福尔德之间的瑜亮情结？不论是何缘故，结局都已无法改变：拥有150多年历史的雷曼兄弟公司，走到了生命的终点。

※

星期日晚间传出消息，拯救行动功亏一篑，雷曼将申请破产。对金融体系而言这无异于一场突如其来的九级地震！华尔街顿时乱成了一锅粥，各银行都急着要弄明白自己对雷曼的风险敞口（risk exposure），鲁西银行紧急要求各交易组将与雷曼的所有未结算交易（主要是各类衍生产品交易）上报汇总，我第一次在周末赶往公司加班。

走出地铁站，我就看到雷曼门前的第七大道边停满了电视转播车，记者们长枪短炮瞄准雷曼大门。不断有员工进进出出，很多人抱着盛满个人物品的纸箱低头离开，瞬间我想起在雷曼工作的同学朋友们：老弗、帕文、L君，你们都还好吗？不知不觉中，眼角有些湿润，一百多年历史的投资银行，华尔街曾经的骄傲，竟是这样的结局！

抬头仰望，巨大的液晶屏幕上仍然滚动着高山峻岭、大海长桥，雷曼的公司标记时时划过。图案依旧，世界却已从此不同。一阵夜风吹来，我不禁打了个寒颤：

乱世，真的来了。

16. 潘多拉的盒子

雷曼事件是美国历史上最大的破产案。一个账面资产价值近7 000亿美元、未偿债券超过1 000亿美元、手中握有150万份衍生品合约的大投资银行忽然垮了！这场突发强震的震中就在金融体系的核心！

要理解雷曼事件的严重性，还得先具体谈谈究竟何为破产。所谓"破产"，就是企业因无法如约向债权人支付本金利息，而向法庭申请"进入破产保护程序"，然后按破产法以有序的方式通过资产清盘或债权重组等手段分配剩余利益。第14节中谈到，企业破产的原因大体有两种："急"和"穷"。雷曼破产的起因是"急"：尽管它账面的资产价值超过所欠债务（多余部分是股东价值），但由于高度依赖短期融资，在资本市场突然"断奶"的情况下只能申请破产。而这又导致雷曼"变穷"，因为它的7 000亿美元资产拿到市场上甩卖，价格肯定要大打折扣，雷曼杠杆率近30倍，股东那点价值根本不够赔的，债权人必然遭受重大损失。这个损失到底有多大呢？

几星期后雷曼信用违约保险的复原率（recovery rate）被以拍卖的方式决定：9 分钱。这意味着市场对雷曼的优先级无担保债务（senior unsecured debt）做出了估价：1 块钱面额欠账只能拿回 9 分钱！也许有读者会问：雷曼的钱都哪去了？就算资不抵债，也不至于只剩这么点呀！其中的奥妙就在雷曼那 100 多万份衍生品合约，这些合约的交易对家主要是其他投资银行和对冲基金，华尔街坏小子们很善于保护自己：衍生品交易通常有“抵押品”规定，如果衍生品的市值发生变化，亏钱的一方要出具抵押品（post collateral）。当众银行看到雷曼有可能破产时，都想方设法让雷曼多交抵押，甚至以“扭曲市场价格”的手段让雷曼在衍生品交易上“多亏钱，多交抵押”。雷曼一宣布破产，根据合约，抵押品马上都归了交易对家。雷曼的“肉”都给瓜分了，只留下“骨头”用于偿付无担保的商业票据和普通企业债等。持有这些债务的投资者们可惨了，从美国货币市场基金到挪威退休基金，从日本银行到中国香港市民散户，不明就里的“华尔街圈外人”把钱借给招牌金光闪闪的投资银行，到头来只能分分骨头，1 块钱只剩下不到 1 毛钱！

前面谈到过，股权投资者受损失对金融体系而言只是“皮肉受伤”，例如贝尔斯登事件；而雷曼一案中债权投资者蒙受重大损失，可就伤到心脏肺腑了。现代金融体系是一个由错综复杂的债权关系撑起的大厦，完全建立在信心的基础上。债权投资者对银行的偿付能力有信心，才会给它们提供资金，银行业才能以借贷杠杆支持实体经济的“资本血液循环”。这种信心相当程度上来源于投资者普遍认为美国政府不会容忍起金融体系“承重墙”作用的大型金融机构破产。从当年的LTCM到近来的贝尔斯登和两房，美国政府关键时刻的救场之举一再证实了投资者的猜测，令他们更放心大胆地借钱给华尔街。至于大机构破产将带来的灾难性后果，多数人都没有心理准备，政府的隐性担保好似一个封条，把各种“灾难瘟疫”都封在“潘多拉的盒子”里。

然而救市的成本越来越高，对“道德风险”的谴责声音也越来越大。面对舆论和政治压力，保尔森终于决定和华尔街划清界限，不救雷曼。他的出发点或许很好：牺牲雷曼，杀一儆百，好叫华尔街以后知道分寸！可这样一来，就打开了潘多拉的盒子。

※

9月15日，星期一，雷曼大震后的第一天。我早早赶到公司，七点半不到，交易楼层上就已齐装满员，气氛大异平常。几年的交易员工作中我发现了一个规律：市场越动荡，周围的噪音就越大。这天早晨交易楼层上的噪音水平前所未有，大家都在对着电话大喊大叫，电脑屏幕上闪烁跳动的市场信息让人瞠目结舌：股指期货暴跌，国债收益率陡降，银行间相互借款的利率飞升，各种金融产品价格的波动幅度是平日的几倍甚至十倍以上！看似杂乱无章的数据图线其实都指着同一个方向：投资者正迅速逃离任何带有风险的资产，尤其对银行信用风险更如瘟疫般避之不及。在雷曼破产地震波的作用下，金融体系的大厦似乎正剧烈晃动，预示着某些部分将发生垮塌。潘多拉的盒子里究竟会跳出什么样的灾难？

次日，新闻媒体报道了一家名为Reserve Primary（RP）的货币市场基金遭遇挤提的情况。这则消息最初并未引起多少人注意——即便在华尔街的专业人士中（包括笔者在内），多数人以前也没听说过RP基金。这些货币市场基金实在是太平凡了，它们相当于活期存款账户，只投资最安全的短期债，最大的特点是可以随时变现，而且“本金不会遭受损失”。

“鲜为人知”的RP基金其实是美国历史最久的货币市场基金，净值达600多亿美元。它在安全运行了30多年后，不幸在雷曼事件中触礁：该基金持有7亿多美元面额的雷曼商业票据。粗看这些票据只占基金净值的1%，似乎不是什么大问题，但别忘了它是一家“本金不会遭受损失”的货币市场基金，当投资者意识到雷曼票据将使他们的投资本金遭受微小损失的时候，纷纷要求行使“随时变现”的权利，赎回投资！短短几个小时，挤提风潮就压垮了RP基金：它手中的短期债不能马上全额变现，无法应付投资者的赎回要求。我们刚刚讨论过这意味着什么：RP基金将因为流动性不足而破产。

随着新闻报道的深入，人们很快认识到RP基金事件的严重性：连“最安全”的货币市场基金也出问题了！这好似一场强烈余震，再次严重打击了本来就极度脆弱的市场信心：除了国债，没有什么投资是安全的。恐慌迅速蔓延，投资者纷纷以各种方式从股市、债市、票据市场、回购市场、货币基金等所有非国债融资市场撤回投资。潘多拉的盒子里放出来的第一个灾难竟然就是古往今来银行家们最恐惧的梦魇：挤兑！对整个金融体系的全方位挤兑！

对高杠杆的华尔街而言，挤兑风潮就像是雪片般飞来的张张催命符，所有金融机构的信用都成了被怀疑的对象。鲁西银行的黑名单一天内更新了好几次，美国国际集团（American International Group，AIG）赫然出现在限制交易的名单上。

※

AIG 是全世界最大的保险公司，靠经营人寿保险、财产保险和工商业保险等传统保险业务起家，后来也涉足金融服务业。近些年来信用违约互换（CDS）异军突起，AIG 也打起了这个新市场的主意。CDS 其实就是债券保险，不过叫“保险”可能会受到严格的保险法规制约，善于钻制度空子的华尔街就以“互换”称之。

CDS 属于衍生产品，通常交易双方在市场价格变化不利时需出具抵押品。如此一来即便没有信用违约，卖保险的一方也不见得划算。举个例子：甲银行以每年 1% 保费（premium）的价格卖了一份 CDS，但市场价很快变成 5%，保单的市价变高，甲银行就得出具抵押品。这些抵押品占用了资金，等于甲银行的保费收入是有资金成本的，从资产回报率的角度看未必合算。而AIG有个巨大优势：它的信用评级是AAA最高等级，按业内惯例，“信用极好”的AIG做衍生品交易不用出具抵押品，不占用资金，是“无本万利”的买卖！

AIG承保的基本上都是最高评级的结构债券，管理层觉得信用损失风险微乎其微，于是“无本万利”的游戏越玩越起劲，几年间竟承保了面额高达4 000多亿美元的债券，其中一部分涉及次贷。华尔街也乐得捧场：花点小钱从AAA评级的AIG那儿买份保险，手中的结构债券岂不是就“固若金汤”了？看起来AIG卖保险给华尔街是件各得其所的大好事。特别是站在AIG的角度，不占用资金而干赚保费，多美的事啊！然而美国有句谚语“听着太好的事儿，往往不是那么回事儿。”（If it’s too good to be ture, it probably is.）这句话用在AIG身上正合适。

2008年，次贷问题愈演愈烈，受次贷“污染”的结构债券违约率迅速升高，AIG三个季度就亏损了185亿美元，更可怕的是它账面上还有近800亿美元次贷类问题资产的保单。AIG扭扭捏捏不肯完全承认潜在损失，可投资者慢慢产生了怀疑，AIG的股价持续下跌。面对资本市场的警告，AIG理应迅速融资把亏损的窟窿补上，管理层却犹犹豫豫，没什么实际行动。究其原因，AIG管理层大概一是没意识到问题的严重性；二是觉得公司旗下有上万亿美元资产，“不差钱”。AIG确实不差钱，差的是流动性，保险业是受监管最严格的金融行业，AIG旗下从事保险业务的各子公司有钱，但不能随便“支援”母公司。背了一身次贷包袱的AIG母公司主要靠发行短期商业票据“维持生计”。本来凭借AAA评级的金字招牌，它的票据很好卖，利息也低，然而随着资产问题逐渐曝光，AIG的短期融资变得困难起来，一幕慢镜头版的“贝尔斯登”上演了。

到了9月份，形势骤然严峻。美国政府接管两房，雷曼垂危，投资者对问题资产空前敏感，市场上开始有了评级机构将降低AIG信用评级的传言。这对AIG可是生死攸关的大事：一旦评级降低，根据合约它马上就要拿出大量抵押品，手中的流动性不够，顷刻间就有破产之虞！

AIG终于动手自救，开始寻找投资。9月13—14日，就是雷曼和美林两桩并购案同时进行的那个周末，AIG也在四处找钱。保尔森表示政府不会出手，AIG只得将希望寄托在私募基金和摩根大通身上。想吸引投资总得先给人查查账吧？这下不得了，银行家们把AIG和雷曼的账目放在一起比较，发现AIG对同类次贷问题资产的估价竟比雷曼高出一倍，原来它的账目大有水分，窟窿比预计大得多！

AIG融资未果，雷曼就宣布破产，这又是雪上加霜。星期一，AIG股价暴跌超过50%，信用保险价格直冲云霄。当日下午，穆迪、标准普尔和惠誉同时调降了AIG信用评级，这成为压垮骆驼的最后一根稻草：根据合约，被降级的AIG必须交出

180 亿美元的抵押品，否则即构成破产。

AIG 等钱救命，刚查过账的私募基金和摩根大通却摇摇头：时下人人自危，我们爱莫能助。这些投资者虽然没拿钱，账倒是算清楚了：救 AIG 需要 850 亿美元紧急贷款。这么多钱只有一家出得起：山姆大叔。

保尔森刚刚立场坚定地拒绝拯救雷曼，一转眼又被 AIG 逼到了墙角。AIG 账上的资产比雷曼还多，涉及面更广。如果 AIG 破产，从它手中购买信用保险的各银行将面临数百亿美元损失，本已岌岌可危的华尔街很难承受，完全可能有新的“雷曼”出现。更重要的是，情况稳定的各 AIG 子公司的客户们会不会争相提取资产？一旦恐慌蔓延，整个保险业都可能面临挤兑，那就不再仅是华尔街的问题，千千万万持有保单的老百姓的利益都要受到直接影响。雷曼破产的连锁反应远比预期严重，如果放任 AIG 破产，再打开一个潘多拉的盒子，后果实在不堪设想！

星期二，AIG 向美国政府发出“最后通牒”：现金告罄，救命钱再不到账，就得申请破产了。美联储和财政部权衡再三，只能先把“道德风险”放在一边，宣布向 AIG 提供 850 亿美元紧急贷款。投资者闻讯一阵雀跃，股市期指快速反弹。然而媒体随即报道了贷款合约的细节，大家不禁倒吸一口凉气：条件如此苛刻，政府到底打算救 AIG 的命，还是要它的命？

AIG 平时借款的利率在 LIBOR 基准利率上下，而政府紧急贷款的利率却比基准利率高出 8.5%！这意味着 AIG 每年要多付

70 多亿美元利息，完全是一笔还不清的高利贷。除此之外，政府还获得了 79.9% 的股权。AIG 是不会破产了，但“血”也被抽干，原来股东的权益将变得几乎一文不值！

保尔森大概是想通过惩罚 AIG 股东的方式表现出拯救行动是为维护金融体系的安全，而不是为援助私人投资者，并借此和“道德风险”划清界线。但这种做法公平吗？紧急贷款转手就作为抵押品交给了 AIG 的交易对家，美国政府等于救了向 AIG 购买信用保险的各家银行。为什么华尔街坏小子们毫发无损，AIG 股东却要赔个精光？

美国政府贷款给 AIG，避免了一场灾难性的破产，却给股票投资者又浇了一桶冷水。从贝尔斯登、两房、雷曼，到 AIG，债权人的结局各异，股东总是被牺牲。金融机构的股票都成了危险资产。

星期三，我正好陪同一个国内代表团参访纽交所。这是我第一次来到纽交所的交易大厅，只觉得四周的噪音比鲁西银行的交易楼层还要大。股市开盘不久，道琼斯指数就狂泻了 500 多点，银行类股飞流直下，高盛股票暴跌 20%，大摩股票更掉到 20 美元以下。又是一个雷曼！

华尔街五大投行已经“牺牲”了三个，难道硕果仅存的两家也要垮台？我赶忙掏出黑莓手机查看电邮，鲁西银行风险控制部门果然又更新了黑名单：大摩和高盛都上榜了！

※

不止美国，许多国家都发生了银行挤兑和金融类股票的恐慌性抛售。以对冲基金为主的秃鹫们向问题资产严重的金融机构发起疯狂攻击，它们一面放空股票，一面大买信用保险，为恐慌情绪火上浇油。英国的HBOS、皇家苏格兰银行、比利时的Fortis、美国的华盛顿互惠银行，一家家金融机构被推到悬崖边缘！

事到如今，各国政府也只能“不择手段”了。星期四，英国监管部门首先宣布：暂时禁止放空金融类股票，美国证券交易委员会随即跟进，其他国家亦纷纷效法。一直倡导“自由市场”的西方国家“沦落”到以行政命令干预市场，何其讽刺！当年亚洲金融危机时，它们曾对亚洲国家干预市场的做法指手画脚，现在火烧到自家头上，也只能祭出“比赛中途修改规则”的杀手锏。重仓放空的秃鹫们跳脚痛骂，却也只得尽速平仓。全球股市火箭式反弹，美国股指在星期四和星期五两天内竟上涨超过10%！

疯了，全都疯了！

※

星期五傍晚，喧嚣的交易楼层渐渐归于平静，同事们大都已经回家了，我还在整理交易日记，久久回味这激荡的一周。温和的阳光从窗口斜射进来，撒落在工作台上，一派秋日的闲适。我惊奇地发现，大起大落之后市场竟然回到了原点：与雷曼破产前的星期五收盘相比，标普500指数仅上升了4点，5年期国债收益率只上升了3个基点。如果有人刚从火星归来，他一定以为什么事情都没发生过。

是啊，“什么事情都没发生过”。短短七天，华尔街已是沧海桑田，换了人间。

17。保尔森计划

2008年9月，每个周末华尔街都上演千钧一发的紧急营救戏码。先是两房，然后是雷曼、美林和AIG，到9月20日这个周末，大摩、美联、华盛顿互惠，甚至高盛都已危在旦夕！火越救越多，大萧条中银行纷纷倒闭的惨景忽然从历史书中跳到人们眼前，扭转乾坤的责任落在了财政部长保尔森和美联储主席伯南克这两位“消防队长”肩上。这二人倒是“绝配”：一位曾是华尔街老大高盛的掌门人，另一位是专攻20世纪30年代大萧条历史的知名学者——现在他们发挥专长，联手拯救华尔街，以避免美国陷入20世纪30年代那样的大萧条。

此时的美国金融体系就像一个重症病人，银行业杠杆太高，账面上难以处理的问题资产不断减记，损害了有限的资本，使信用风险激增，这是“病根”；而投资者撤资，金融秃鹫放空股票制造恐慌情绪则是“要命”的“并发症”。想挽救危局，就得控制住并发症，然后除掉病根。

美国政府首先开出两剂猛药：证监会禁止放空金融类股票的措施遏制了秃鹫们的攻击，给股市“退了烧”；紧接着财政部宣布将担保资产总额达3万多亿美元的货币市场基金，以防止挤提，避免商业票据和回购等短期融资市场崩盘，给金融体系服了颗“定心丸”。两项措施暂时控制住并发症，赢得了喘息的时间，但保尔森和伯南克都清楚：病根不除，金融体系的急病很快就会再次发作。

对于治疗银行资本和问题资产的病根，伯南克心有余而力不足。美联储的权力限于货币政策，它可以借钱给银行，也可以从银行手中购买国债，这些都是增加流动性的措施，能暂时应付挤兑，但无法降低杠杆率，治标而不治本。美联储不能购买问题资产，更无权直接向银行注资，因为“花钱”的事属于财政部管辖范畴。雷曼事件刚几天，保尔森的态度就来了个180度大转弯，从不干预主义变成救市急先锋。也许他对于放任雷曼破产有些后悔，但潘多拉的盒子已经打开，跳出来的灾难瘟疫是塞不回去了，要压住它们必须得用一张足够大的网，周五保尔森透露了他的计划：将用7 000亿美元购买银行业的问题资产！

消息传出，业界一阵欢呼。然而要花费7 000亿美元巨款的大事，却不是保尔森这个财政部长就能说了算的，甚至连布什总统也无此权力。美国是三权分立制度，重大支出都需要国会通过，议员们能投赞成票吗？民主党左派对代表“贪婪”的华尔街向来没有好感，共和党右派则崇尚自由经济，对政府干预深恶痛绝。保尔森计划两面不讨好，况且政治风向也对华尔街和高盛出身的保尔森十分不利：金融体系面临的危险一时很难解释清楚，普通老百姓只看到今天救两房、明天救AIG，都是纳税人拿钱填华尔街的无底洞。国会议员们固然应该明白其中利害，但他们会为个姥姥不疼、舅舅不爱的华尔街，冒着开罪选民的风险支持7 000亿美元计划吗？保尔森自己心里也没底。

※

在保尔森忙着向国会推销救市计划的同时，“生命受到威胁”的大摩和高盛也展开了自救行动。它们仿佛约好了似的，都使出虚实两招。“虚招”是申请改组为银行控股公司，摇身一变成为商业银行，借以取得直接从美联储贴现窗口借钱的权利。其实在贝尔斯登事件时美联储已经出台了“券商贷款办法”（PDLF，见第13节），超越传统界限直接借钱给投资银行，所以改组为商业银行对大摩和高盛并无直接帮助，但“商业银行”的名头听着毕竟更让投资者放心，也预留出逐步用储户存款代替短期融资的空间，故此“虚招”还是有助于增强市场信心。所谓“实招”，当然就是股权融资。雷曼的教训就在眼前，只有攥着现金，才最能安抚人心！

大摩将目标对准了海外投资者，日本的三菱银行表示出兴趣。有雷曼和韩国产业银行谈判失败的反面教材，大摩不敢拖泥带水，很快就和三菱达成投资意向：以90亿美元的价格出售

20% 的股权。

高盛则将注意力集中于美国国内的投资者。说来高盛被逼到紧急融资的地步，颇有几分“冤枉”。这个华尔街王牌投行在次贷危机刚露出苗头时就把问题资产基本清光，甚至还大举放空次贷信用保险，成为唯一在危机中一直保持盈利的投资银行。照理高盛不需要新资本，但雷曼破产导致的恐慌席卷华尔街，投资者不问青红皂白，高盛再牛，毕竟用了二十几倍杠杆，真遇上挤兑一样说垮就垮，管理层也只能融资以确保安全。

危机中高盛的股价跌去一半，正是价值投资者购进的好机会。“价值投资”很多人都爱挂在嘴边，做起来却并不容易。股市跌到最低点的时候当然最有“价值”，可你得有钱才能捡便宜，如果已经被套牢了，恐怕非但不能“价值投资”，还得割肉！对此笔者深有体会，金融危机前我可以随便买债券，可那时没什么好机会；到危机高潮时，市政债券便宜得离谱，鲁西银行却限制使用杠杆，我想买但“没钱”，《茶馆》里的一句台词很好地总结了我的心情：“现如今有花生仁儿了，又没牙了。”

“有牙的时候没有花生仁，有花生仁的时候又没牙”是很多投资者共同的苦恼。然而每逢危机，金融市场一地花生仁的时候，一位牙口永远好的老者都会适时出现：巴菲特。

巴老为什么从来不缺钱，他钱从哪来的？有段小插曲，我在美国购买汽车保险的时候发现一家名为 GEICO 的公司报价比别家都低，GEICO 属于巴老旗下，保险卖得这么便宜，难道不用赚钱？后来我才弄明白，巴老经营保险公司不但为“赚钱”，还为“借钱”——保费先拿到手，理赔是以后的事情，这不相当于借钱吗？巴老旗下的多家保险公司正是他投资帝国的重要基石！以卖保险方式融资有两大好处：第一是资金成本低，甚至“利息”可能是负数（理赔金额低于保费收入）；第二条更妙，保险销售与资本市场起伏关联很小，别人借不到钱的时候，他巴菲特照样能“借钱”！华尔街有过度依赖短期融资的“华尔街之踵”，而巴老有保险业的融资渠道做后盾，可以在别人遭挤兑时趁虚而入，价值投资才能玩得如鱼得水，很多时候都不用他费劲，“价值”会自动找上门来：比如急着融钱的高盛。

其实贝尔斯登、雷曼，乃至当年的LTCM在紧急时都找过巴菲特，但巴老何等精明，烂摊子不接，高盛就OK！高盛也自有算盘，巴老投资不仅是钱的问题，还相当于给高盛投信任票，对消除市场疑虑极有好处。两家门槛都精，一拍即合，高盛等钱救急，价格上只得从权：卖给巴老50亿美元面额、年息高达10%的优先股，同时附赠5年内再购进50亿美元普通股的期权，执行价格（strike price）每股115美元，比高盛当时的125美元股价还低！巴老这单堪称“价值投资”经典之作的生意，可不是“根据基本面买股票”那么简单，他如何保证资金来源，怎样利用市场地位“乘人之危”捡便宜，很值得国人尤其是掌握大资金的中资机构学习。

高盛也不算吃亏，借巴老注资的东风，转天又公开发售了50

亿美元股票，两笔融资稳住阵脚，比“舍不得贱卖”的雷曼高明多了！

大摩和高盛的情况有所缓解，华盛顿互惠银行就没那么幸运了。它跟7月份破产的因迪美一样是储贷银行，次贷问题严重，在雷曼破产后遭到挤兑，一个多星期就损失了9%的储户存款。因迪美事件中很多大额储户遭受损失，联邦存款保险公司（FDIC）也赔了100多亿美元，如果规模大很多的华盛顿互惠银行破产，对金融体系又将是一次巨大冲击。为防患于未然，美国政府祭出银行监管法规赋予的尚方宝剑，于9月25日强行接管了华盛顿互惠的商业银行子公司。

华盛顿互惠是美国最大的储贷银行，网点遍布全国，美国政府为保证储户存款安全，必然要把从华盛顿互惠手中强制接管的银行网络交给一个稳定的大银行管理。这块肥肉又落到摩根大通口中，戴蒙只花了19亿美元，就得到华盛顿互惠的2 200多个网点和1 000多万客户。“曹操”以静制动，又捡了个大便宜！

华盛顿互惠的投资者们则沦为牺牲品，股东赔光自不必说，债主们也蒙受重大损失。美国政府接管时已将华盛顿互惠强制拆分，摩根大通负责担保储户存款，却不担保华盛顿互惠的债务。继雷曼之后，银行的债权人再度受损，又给持有金融业资产的债主股东们当头一棒。

按下葫芦起了瓢，华盛顿互惠事件再次触动投资者对银行业问题的敏感神经，规模更大的美联银行随即遭遇市场狂轰滥炸，眼看命在顷刻。美国政府无奈，只得继续紧急营救，导演了一出“三角恋爱”大戏。美联先和花旗“火线订婚”，继而又被富国银行横插一腿，其中曲折此处略去不表，只借用近来流行的新派交友节目《非诚勿扰》的模式报告一下结局：花旗失败退场，美联和富国牵手成功。

※

面对此起彼伏的危机，保尔森知道“头痛医头，脚痛医脚”不是办法，一定要促使国会通过救市计划，用 7 000 亿美元的“优势火力”把危机压下去。国会山可是道难关，前面分析过，政府掏钱救华尔街的计划左右派两面都不讨好，唯一的希望是议员们能认清十万火急的形势，两害相衡取其轻。美国国会分为参众两院，其间又有微妙差别。参议员每州两名，任期六年，他们竞选周期长，可以不被一时的舆论所左右，比较能“顾全大局”，于是保尔森计划在参议院勉强通过。众议院就难搞了，400 多名议员各说各话，本来就乱，众议员任期又只有两年，总是面临选举，因此众议院很能反映“民气”。时下的民意一边倒：老百姓见华尔街前些年猛发奖金，今年演砸了就逼着政府掏钱救市，当然痛恨。众议员们即便心中明白保尔森计划是出于无奈，很多人也见风使舵，对其大加批评。

9 月 29 日，星期一，电视台实况转播众议院投票，投资者很快就看出风头不对，股市开始下滑，既而崩盘，美国股指当日狂泻 9%，众议院以 228 票对 205 票否决了保尔森计划！

华尔街四面楚歌，资金链眼看要断，美联储紧急将对银行业的贷款额度又增加了 3 000 亿美元。伯南克使尽解数，以各种流动性措施给华尔街保命，却除不了病根，要解决问题政府非动用资金救市不可。他与保尔森联手游说国会，再度推动救市计划。几天之间股市暴跌，银行业风雨飘摇，议员们的头脑大概也略微清醒了些，他们已经表明过立场，正好就坡下驴，于 10 月 3 日通过了略经修改的保尔森计划。

※

保尔森终于拿到 7 000 亿美元大棒，怎么使用却犯了难。他原来的计划是购买房贷类问题资产，以帮助银行业去除毒瘤。但该计划操作性很差，资产定价就是个大问题。价钱高了，纳税人吃亏；价钱低了，银行亏损增加，信用风险反而升高。实际上购买资产不是好方法，在雷曼案例中我们分析过，银行业的核心问题是杠杆率太高，而减低杠杆无非有两种方法：卖掉资产减小分子，或者股权融资增大分母。保尔森购买资产的计划是从分子入手，见效慢，要迅速恢复银行业健康，最好的办法是直接投资。以 15 倍杠杆率计算，投入 1 元新股本即可支撑 14 元资产，作用远远超过花 1 元钱买问题资产。

保尔森并非不明白其中道理，但他和伯南克在政治理念上都倡导自由市场经济，对政府介入私有企业持反感态度。购买资产还可说是“钱货两清”的生意，直接投资就是国有化的“路线问题”了，保尔森不愿这么做。然而形势不等人，救市计划通过没几天，美国股市就又跌了20%，恐慌在全球金融市场迅速传播，大摩股价掉到十几美元，命悬一线，多家欧洲银行也危如累卵。

“思想右倾”的保尔森还在为国有化的问题举棋不定，大洋彼岸的英国左翼工党政府已率先行动，于10月8日宣布向英国银行注资50亿英镑，并担保250亿英镑的银行债务。欧元区各国随即跟进，几天后也承诺注资和担保银行债务。这一来美国政府被逼上了梁山：如果不跟进，资金很可能从美国各银行流向有政府撑腰的欧洲银行。于是保尔森和伯南克等人紧急开会敲定了直接购买银行股权的细节，然后把九家最大银行的老总召集到财政部，通知他们政府将向这九大银行共注资1 250亿美元，没有商量余地，赤裸裸的部分国有化！

消息传出，10月13日，星期一，美国股市暴涨11%，创下历史纪录，银行信用保险价格大幅降低。同日，鲁西银行风险控制部门将高盛和大摩从黑名单上拿了下来。这使我意识到，金融体系全面崩溃的危险应该是解除了。

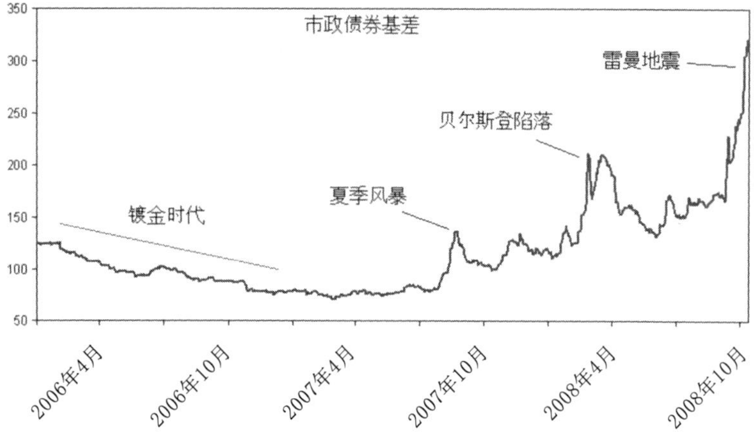
市政债券基差
350
300
250
200
150
100
50
雷曼地震
贝尔斯登陷落
夏季风暴
镀金时代
2006年4月
2006年10月
2007年4月
2007年10月
2008年4月
2008年10月

18。最黑暗的时刻

2008年10月中旬，各国政府相继以注资及担保债务等形式援救本国银行。在危机前的全球化浪潮中，发达国家的银行业巨头纷纷走出国门，在海外广开分支拓展业务，都俨然以企业界的“世界公民”自居，但在危及生存的金融海啸面前，它们却也只能“各回各家，各找各妈”。除上节介绍的美国和英国救助行动外，荷兰向荷银巴林（ING Baring）注资134亿美元，瑞士向瑞联（UBS）注资60亿瑞士法郎并以巨资购买其问题资产，法国也向巴黎银行和兴业银行等注资105亿欧元。

各国政府的紧急援救使金融体系免于崩溃，却无法阻挡去杠杆化的滚滚洪流。在美国，资本市场融资渠道几乎关闭，不要说股票和债券卖不出去，就连一直稳定可靠的短期票据市场也大为缩水，至于起消费信贷中介传输作用的资产证券化产品的发行则完全处于停顿状态。影子银行体系失去了作用，传统商业银行也好不到哪去，受到海啸冲击的银行纷纷严格控制信贷以保证自身安全，未受直接冲击的银行为预防经济衰退带来的信用损失，也对发放信贷慎之又慎。银行体系为经济“造血”的功能骤停，令高度金融化的美国经济像一个严重供血不足的病人那样陷入“休克状态”。个人无法购房、购车，企业资金难以周转，经济活动突然减少又导致失业率急速上升，进一步影响消费，使经济陷入恶性循环。此时，美国人担心的已不仅是衰退（recession），而是萧条（depression）了。

在20世纪30年代的大萧条中，美联储错误地执行了紧缩货币政策，在银行体系已经面临巨大危机的情况下继续减少货币供应，导致金融危机一发不可收拾，被认为是催生经济大萧条的重要原因之一。2008年的美联储显然学乖了，研究大萧条出身的伯南克不但坚决降息，增加基础货币供应，还将美联储的“终极借贷者”角色再延伸一步，越俎代庖，通过多项新政策工具（facilities）替银行业向实体经济提供信贷。新措施包括：购买短期商业票据，以帮助企业资金周转；购买房贷抵押债券，以向房市提供资金；购买基于车贷和信用卡债等消费信贷的资产证券化产品，以间接支持占经济70%的消费。美联储的资产负债平衡表迅速扩大，相当程度上减少了银行业去杠杆化（缩减资债平衡表）对实体经济的冲击。与此同时，财政部将对银行业注资的范围扩大到中小银行，进一步稳定了金融体系。也许正是中央银行和政府超出常规的果断行动，才使美国经济没有像1929年股市崩盘后那样陷入大萧条。

然而严重衰退毕竟还是发生了。工业产出跌幅创战后纪录，新房开工同比下降七成。汽车销售量（相对人口数量）掉到1946年以来最低，三大汽车公司中的通用汽车和克莱斯勒面临生存危机。老百姓消费减少，全美第二大电器商行Circuit City和家用品连锁店Linens and Things都宣告破产。企业更纷纷裁员，仅九十两个月，美国就失去了60万个就业机会。

经济一团糟，导致美国政治版图巨变。2008年是总统大选年，民主党候选人奥巴马（Barack Obama）形象清新，口才极好，又是第一位非洲裔总统候选人，深得少数族裔和年轻选民的爱戴。共和党候选人麦凯恩（John McCain）也非等闲之辈，他的父亲和祖父都曾任太平洋舰队司令，可谓世代簪缨，本人也曾参加越战，还当过多年战俘，算是位英雄。在长期的议会生涯中，麦凯恩以敢于仗义直言、挑战权威著称，在中间选民中口碑颇佳。奥巴马的民意支持度尽管一直领先，也难言必胜，尤其是8月底共和党全国代表大会后，麦凯恩人气急升，选情一度十分接近。

然而雷曼破产和由此引发的金融海啸却成了双方气势此消彼长的分水岭。执政的共和党政府支持率直线下滑，奥巴马则巧妙地利用老百姓对现状的不满情绪，把“变革”（change）作为竞选的核心口号，将自己包装成变革的象征，顺手把麦凯恩打成“布什同党”、“旧势力代言人”，使其处处被动。可怜麦凯恩奋斗了一辈子，眼看总统宝座在望，却被“半路里杀出的雷曼”彻底断送了胜选希望，大约也只能感叹时运不济。

11 月 4 日大选投票，奥巴马以 20 多年来的最大优势当选总统，民主党同时在议会选举中取得大胜。在众议院，民主党 257 席对共和党 178 席，在参议院，民主党团更取得了 60 席对 40 席的绝对多数。这意味着民主党有能力在共和党集体反对的情况下强行通过重大法案，美国政治风向将全面左转。在经济领域，布什政府的“自由化”路线将被清算，大政府、严监管、高税收和贸易保护主义将成为新方向。

※

2008 年冬天，华尔街正经历着最黑暗的时刻。12 月 10 日，麦道夫（Bernard Madoff）50 亿美元惊天庞氏骗局（Ponzi Scheme）曝光，又出了一个妖孽！

本书的读者应该不会对麦道夫事件感到奇怪，从花朵基金崩盘（见第 6 节）到科维尔斯诈案（见第 11 节），金融市场的妖孽往往出现在流动性退潮之时，正所谓“国之将亡，必有妖孽”。雷曼地震后，去杠杆化的巨大压力使流动性陷于枯竭，投资者争相从各类基金提款，隐藏极深的千山老妖麦道夫才终于现出原形。而此时的华尔街，也确实是一片“亡国之象”：股市跌到了十几年来的最低点，金融产品的价格波动幅度前所未有，市场似乎完全失去了理性。

在危机前，金融市场曾经是那样的井然有序。无所不在的套利交易者们依靠精准的模型随时监控市场，金融产品间价格不合常规的变化往往被套利交易行为“迅速消灭”，就好像地球引力总会把飞起的物体拉回地面一样。金融海啸彻底打乱了这种平衡，市场仿佛一下子挣脱“地球引力”，飞到了太空：树长在天花板上，家具标浮在半空中，曾经不可一世的金融巨头们拿着大顶被挤在墙角。这期间我的所见所闻完全可以单独写一本《小渔漫游金融奇境》。

比如当时10年期国债的利率约为3%，而最优级市政债券的利率竟超过4%，利息免税的市政债券收益率比国债高这么多，以前从没有过如此“怪事”。再如银行信用风险比国债高，所以银行间拆借利率LIBOR理应高于国债利率，然而2008年冬天，30年期LIBOR互换利率却变成低于30年国债利率，完全不合逻辑。最诡异的是外汇市场，美国出了这样大的问题，资产价格暴跌，照理美元应该贬值，就像1998年的俄罗斯和亚洲金融危机时的东南亚诸国一样，但实际上美元却极为坚挺，情况远好于澳大利亚和加拿大等国货币对美元狂贬，基本面多年半死不活的日元反而对美元升值。

种种无法解释的现象让一些人想起了“阴谋论”，难道次贷危机竟是美帝国主义的惊天阴谋？其实美国人哪有那么聪明，大家都是顾及眼前多于考虑长远的凡人罢了。金融海啸的严重程度出乎绝大多数人的意料，就连很多最精明的投资者也遭到惨重损失。例如大名鼎鼎的城堡对冲基金就差点破产，曾创下辉煌业绩的德意志银行信用产品自营交易部也因为巨亏被解散。把金融大鳄们冲得东倒西歪的种种怪现象其实都可以从一个角度加以解释：资本流动。

在流动性充沛的前危机时代，大量资本从低利率、低投资回报的日本等国流向高利率、投资机会丰富的国家，如金砖四国和澳大利亚，在汇率上的反映就是日元等融资货币（funding currency）对澳元、卢布、巴西里拉等投资货币不断贬值。而美国则像一个巨大的对冲基金，一方面吸引海外投资到利息较低的美国债券，另一方面大量输出资本，做回报较高的股权投资。金融海啸中，作为全球资本流动重要幕后推手的各跨国银行集团和对冲基金遭受惨重打击，纷纷收缩战线，撤回海外投资。国际金融资本“各回各家”，当然导致输出资本的日本和美国等国货币升值，输入资本的澳大利亚等国货币贬值。强迫性的资本流动滚雪球式增长，进而引发雪崩效应，使汇率在短期内严重脱离基本面。可惜一些中资机构没有看清资本流动方向，死抱着“价值”，以致在外汇市场蒙受重大损失。

2008年冬天的“金融奇境”也给过度迷信数量金融模型的华尔街好好上了一课。最依赖数学模型的当属奇异衍生品（exotic derivatives），就是一些特别复杂的衍生产品。对投资银行来说，奇异衍生品交易曾经是很赚钱的生意，但大部分利润都是定价的数学公式“算出来”的，要真正兑现利润，交易员必须根据市场情况动态管理风险（dynamic hedging）。奇异衍生品通常含有很多期权，管理头寸的交易员需要随时做“反伽马对冲”（negative gamma hedging），简而言之就是追涨杀跌，越涨越得买，越跌越要卖。这和伯克利鲁宾斯坦教授的“投资组合保险”（见第1节）如出一辙，结果自然也类似。一窝蜂式的买卖行为在1987年造成股市崩盘，在2008年又造成种种“奇迹”，如上面提到的30年LIBOR利率低于30年国债利率，就是奇异衍生品交易的“杰作”。

那段时间奇异衍生品交易员成为痛苦不堪的一群人，负责管理鲁西银行市政债券相关奇异衍生品的布莱恩就是其中的一位。说起来我也“有罪”，前几年鲁西银行卖了不少基于市政指数（SIFMA index）的中期票据，我是主要设计者之一。这些票据都含有期权，按照定价数学公式的假设，市政指数波动性不大，交易成本（bid-offer spread）也不太高，布莱恩的对冲不会有什么问题。然而金融海啸后的市场却让这些合理假设显得极为幼稚：市政指数掉期（SIFMA ratio swap）的交易成本大幅增加，波动性上升了10余倍，市场像钟摆一样来回晃动，可苦了反伽马对冲（追涨杀跌）的布莱恩。2年期SIFMA比例涨到90，布莱恩心急火燎地跑过来大喊：“我要买300k！”过几天2年比例跌回80，布莱恩又气急败坏地跑过来大叫：“我要卖300k！”高买低卖，来回赔钱，如此反复多次。

布莱恩被市场左右开弓，每日愁眉苦脸。我同情之余，开始认真思考一个问题：华尔街引以为傲的数学模型究竟哪里出了毛病？如果从最直观的角度分析，反伽马对冲的问题相当明显：

“追涨杀跌”的交易模式对流动性要求很高——想买时要买的到，想卖时要卖的掉。其他诸如可转债套利（convertible arbitrage）、并购套利（merger arbitrage）等相对价值类交易方法也都建立在市场流动性充沛的假设之上。当金融危机来临，流动性陷于枯竭时，这些交易方法的下场不问可知！

再讲深一点，现代金融学中最基本的“无套利理论”有两个重要假设：市场具有无限流动性，交易者可以无限制借钱。金融危机的实践证明这两个假设何其之“假”，原来精致的象牙塔竟建立在松软的沙土地上！当然，我决不是模型无用论者。数学模型固然不是万能，但没有也万万不能。我相信金融学家们必定会根据危机中的经验教训对数学模型加以改进，具体手段我这个只精通算术的交易员就不加以揣测了。

※

不过人人都有一本难念的经，我自己和布莱恩相比也就是五十步笑百步而已。本来2008年我的战绩相当不错，除去ARS“高利贷”的贡献，还抓住了小阳春和雷曼地震后等几次机会，见风使舵，浑水摸鱼，靠短期债交易赚了几百万美元，这在金融海啸的怒涛中应该算难能可贵。但危机前“收藏”的几只市政住房债券却拖了后腿，多次减记把我的交易利润抵消了一大半，而且住房债券流动性很差，难以出手。我利用有限的几次机会清掉了一些，最后就只剩下2007年10月购入的那只田纳西住房债。本来我觉得它的市价便宜得离谱，一直没舍得卖，但后来我逐渐认识到便宜的东西还会变得更便宜，不能死抱着错误不放，终于决定卖掉这只债券。

我请胡优去推销田纳西住房债券。他在贝尔斯登垮台事件中损失惨重，不过倒很豁达，在摩根大通旗下继续努力忽悠。他没让我失望，几天后就打来了电话：

“6.00%收益率，不还价。”胡优还是那副不容置疑的口气。

我想起一年前和他的那番对话，不禁莞尔，半开玩笑地答道：“我是不是应该赶快卖，趁着你的客户还没改主意？”

“哈哈，这回可不好说。也许市场就要反转了，我倒是怕你改主意呢。”老江湖胡优顿了顿，然后发表了高见：“要是我就卖，忘记不愉快的过去总是个好主意。”

这次我决定接受胡优的建议，甩掉包袱，重新开始。在2008年冬天那个最黑暗的时刻，我不知道曙光将在何时出现，但乱世也许正是机会，我想起了名著《乱世佳人》那句经典的结束语：

明天又是新的一天。

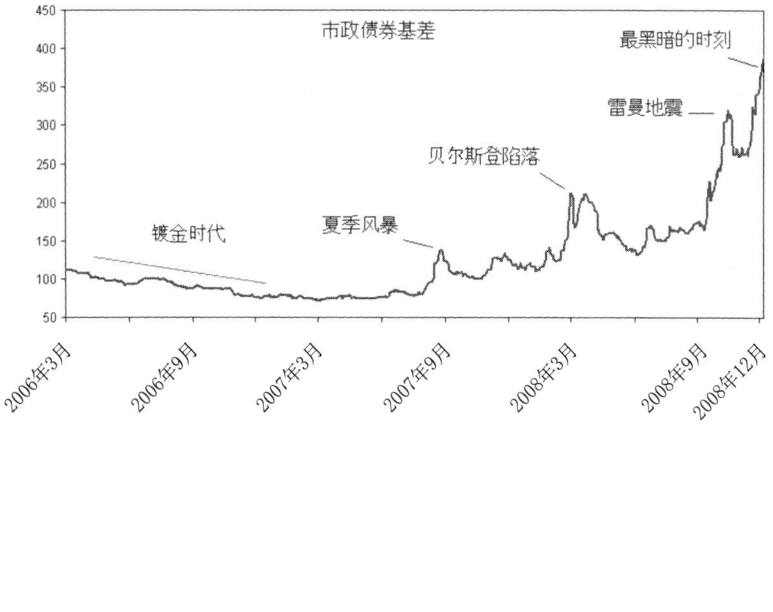
市政债券基差
最黑暗的时刻
雷曼地震
贝尔斯登陷落
夏季风暴
镀金时代
450
400
350
300
250
200
150
100
50
2006年3月
2006年9月
2007年3月
2007年9月
2008年3月
2008年9月
2008年12月

第四章 峰回路转

九二，见龙在田。

《易经·乾卦》

19. 曙光初现

2009年新年，纽约时代广场依旧人山人海。来自世界各地的“朝圣者”挤在狭窄的街道两边，苦等六七个小时，就为了迎接彩球落下，新年钟声响起的那一刻。也许此时人们更能理解“除旧迎新”的含义：苦难的2008年终于过去了，2009年能给深陷金融危机的世界带来些好运吗？

华尔街一片萧条，各银行纷纷裁员，剩下的人也是兔死狐悲，不胜凄惶。鲁西银行交易楼层上死气沉沉，我注意到四周的噪音明显比以前小，似乎折射着低落的士气。CNBC（财经电视频道）显然已经被熊派接管了，专家们不停地从各种角度分析为何金融危机尚未结束，“还有一条腿”（has another leg）。

再来一腿？大家都要被扫到哈得孙河里去了！

※

1月中旬的一天下午，死水一潭的交易楼层上忽然有人大叫：

“快看电视！飞机！”

对经历过“9·11”恐怖袭击的纽约人来说，“飞机”总能触动敏感神经。电视上的画面令人瞠目：一架大客机飘浮在哈得孙河里，几个人正站在机翼上！几分钟断断续续的电视镜头之后，这架飞机显然沉没了。难道被金融危机弄得焦头烂额的美国又添了新的乱子？！

过了一会儿，电视台才报道了真实情况：原来一架载有100多位乘客的飞机从纽约拉瓜迪亚机场起飞后被一群大鸟同时撞坏了两个发动机，飞机已无力抵达周围任何一个机场，在高楼林立的纽约地区，眼看一场机毁人亡的灾难即将发生。关键时刻，有数十年经验的老飞行员当机立断，决定在哈得孙河中紧急迫降，他成功地避开了华盛顿大桥，将飞机平稳地降落在河中。在乘务人员的组织下，人们有秩序地撤出机舱，几艘在哈得孙河中往来载客的轮渡见状立即前往援救，在飞机沉没前把乘客和机组人员救上了船。最后，播音员不无幽默地宣布：尽管行李遭到重大损失，但所有人都得救了！

交易楼层上爆发出一阵欢呼，笼罩已久的阴霾气氛一扫而空。当晚的电视黄金时段，各电视台纷纷将亲历事件的机组人员和乘客请进演播室，煽情的访谈赚足了眼泪，赢得了掌声。这场惊险而结局完美的“哈得孙奇迹”（Miracle over the Hudson）给美国带来了久违的喜气。某电视台主持人深刻地总结道：

“在过去的一年里，所有可能出错的地方都出了错，我们遭遇了空前的金融危机。然而今天，每个人都做了正确的事情，才有哈得孙奇迹。这件事让经济衰退中的美国人民看到了希望：只要我们齐心协力，就一定能战胜困难，共同创造奇迹！”

看，说得多好！谁说美国人不会上纲上线？

祥瑞已出，难道国家将有转机？

※

2009年年初，全球性衰退的阴云笼罩着世界，金融危机已经演变成经济危机。此前各国政府的紧急措施稳定了金融体系，避免了世界经济陷入大萧条，但是用什么办法能让经济摆脱衰退，重新开始增长呢？各国政府不约而同地想到了凯恩斯主义的“药方”。

凯恩斯主义（Keynesian Economics）是现代经济学中较早产生的一个主要流派。19世纪中到20世纪初，西方国家不断发生周期性经济危机，屡次出现产能过剩，甚至发生了“将牛奶倒入河里”的荒谬现象。针对这种情况，英国经济学家凯恩斯建立了一套理论，其核心是：需求总量才是决定生产和就业水平的关键因素。通俗点说，如果老百姓都不消费，自然就会产能过剩，经济衰退，所以促进经济发展的关键是保持需求。凯恩斯认为，私有经济的自我调节能力差，不可避免地产生“过热—衰退”周期，他主张利用政府主导的公共经济进行反周期操作。在经济过热时，政府应该调高利率和税收，减低公共开支，以防止需求过剩；在经济衰退时，政府应该增加公共开支，弥补私有经济的需求不足。简而言之，凯恩斯解决经济衰退的办法就是：老百姓不肯花钱，政府替你们花！

凯恩斯主义强调政府力量介入经济，与中国传统思想中主张严刑峻法，靠政府强制力管理国家的法家思想颇有类似之处。巧的是，现代经济学中与凯恩斯主义并列的主要流派正是儒家思想和道家思想。

供给学派（Supply-side Economics）认为，凯恩斯依靠政府开支的办法并非长久之计，因为这会导致税率升高，抑制人们工作的积极性，政府应该做的是降低税收，减少干预经济，最大限度地鼓励创造财富。该学派侧重调动主观积极性，先“修身，齐家”，然后才“治国，平天下”，与儒家思想有异曲同工之妙。

货币主义学派（Monetarism）则认为，扩张性财政政策和货币政策长远看来只会导致通货膨胀，对经济发展并无好处，政府应该放弃干预经济，只需要控制好货币供应量，保持物价稳定即可。货币主义学派主张黄老之道，无为而治，正合道家思想。

“法、儒、道”三家经济学思想争鸣了几十年，各国政府的经济政策也各有侧重。中国比较强调宏观调控，偏向凯恩斯主义。欧元区没有中央政府，缺乏统一的财政政策，但可以通过欧洲中央银行（European Centeral Bank，ECB）执行货币政策，所以货币主义在欧元区占据上风。美国则是供给学派的大本营，该学派降低税收和减少政府干预的主张正符合共和党的理念，自里根总统时代起就被共和党代表的右翼政治势力奉为圭臬，因此供给学派又称为“里根经济学”。货币主义在美国也很有市场，长期执掌美联储的格林斯潘基本是个货币主义者。供给学派和货币主义的一个共同点是主张自由经济，减少政府干预，故两者都属于“新自由主义经济学”（Neo-Liberism）。美国自20世纪80年代起对金融业监管的不断放松就是这种思潮的具体表现。

然而金融海啸引发了对新自由主义经济学的反思，视政府干预为洪水猛兽的看法是否过于极端？在拯救金融体系和对抗经济衰退的过程中，各国政府的政策都出现了向凯恩斯主义靠拢的趋势。中国首先行动，于2008年11月出台了4万亿元人民币刺激经济计划，以基本建设投资和公共开支抵消出口锐减的压力。美国大选后民主党取得白宫和国会山的控制权，政策全面左转，奥巴马总统在2009年1月上任后的一个月内就推动国会通过了7 870亿美元刺激经济计划。

各国以巨额政府开支提振经济的长远效果有待观察，到底是真正拉动世界经济重回增长，还是像供给学派和货币主义者预言的那样只能加剧财政赤字和带来通货膨胀，一切尚属未定之数。但这些措施的短期效果毋庸质疑，在一剂剂强心针的帮助下，世界经济在2009年年初逐渐从雷曼地震后的休克状态中苏醒过来。

此时，金融市场的风向也悄然发生了转变。

※

乱世买黄金，盛世兴收藏。2009年年初，一些投资者开始对“收藏”表示出谨慎兴趣。我们的电话线逐渐忙碌起来，各路销售们都在打探谁有债券要卖，照以往的经验，市场应该是要转好了。

收藏往往从“明官窑”式的优质资产开始，这次也不例外。优质市政债券信用风险很小，流通性不错，利息免税，而且金融海啸造成它们的收益比国债还高。对于普遍还是“安全第一”心态，但也希望多一点回报的投资者来说，购买优质市政债券便成为自然选择，甚至一些非传统买家也加入捡便宜的行列，市政债券市场开始从“金融奇境”向正常回归。

二级市场交易量明显上升，一级市场也有解冻迹象，几单规模较大的市政债券连续发售成功。此时能融资的基本还是信誉最好的发行者，比如AAA评级的普林斯顿大学就发售了7亿美元债券。普林斯顿债券的收益率比同期国债高280基点，和危机前的垃圾债券差不多，尽管价格卖得不高，但毕竟是卖出去了，而且交易情况不错。我试探性地买了500万美元，开盘后该债券与国债的利差一下缩小到250基点，我轻松兑现了近10万美元利润，之后利差很快又进一步缩小到220基点。一只定价便宜的债券受到追捧不算奇怪，但高开后还能高走，市场表现强劲，与不久前的疲软之像不可同日而语。我隐约感觉到，黑暗的天际似乎露出了一抹鱼肚白。

债券市场趋于稳定的根本原因是流动性状况好转。一方面，经过雷曼地震后几个月的大动荡，“该破产的破产了”，“该减仓的也减仓了”，金融机构去杠杆化的力度减弱；另一方面，美联储已经把短期利率几乎降到零，基础货币供应量大幅上升，同时从高风险资产中“逃难”出来的资金也需要找个“新家”。优质债券的买家增多，去杠杆化的卖压减小，债券市场的流动性潮水开始局部上涨。

前面讨论过，金融市场反转时的流动性状况往往扑朔迷离。2007 年房贷市场资金退潮时，能源和新兴国家市场还在涨潮。2009 年年初，债券市场已开始局部涨潮，而股市还在退潮。美国股市在 3 月初创下十几年来的新低，标普 500 指数跌到 670 点，比 2007 年 10 月的 1 565 点纪录掉了一半还多。股市一片悲观情绪，债券市场的暂时稳定也不能排除是小阳春式的流星划过。在这种情况下，政府是很想给刚露出一丝热气的经济和金融市场再加一把火的。此时美国政府的牌已经打得差不多了，在财政政策方面，已出台了 7 870 亿美元刺激经济计划，在货币政策方面，短期利率已几乎降到零。美联储手中还剩最后一张王牌：印钞票。

传统上美联储主要以国债为支持发行美元货币，如果在短期利率已降至零的时候还大量购进国债，就相当于开动印钞机，学名叫“量化宽松”（quantitative easing），其负面作用是可能引发通货膨胀。二三月间，金融圈一直在讨论美联储是否会打出这张王牌，结果又是英国人首先行动。3 月中旬，英格兰银行宣布将购买2 000亿英镑英国国债，打响了量化宽松的第一枪。几天后，美联储也宣布将实施量化宽松，计划在一年内购入7 000亿美元国债和3 000亿美元房贷债券。购买国债是和奥巴马政府唱双簧，相当于把7 870亿美元刺激经济计划产生的财政赤字货币化；而购买房贷债券的用意更明显：以资金输入稳定房市。从7 870亿美元计划到量化宽松，美国政府发出了极其明显的信号：不惜代价把经济和金融市场稳住，赤字和通胀的事情以后再说！

美联储主席伯南克有个外号——“直升机大本”，因为他曾说过，在必要时会“开着直升机撒钞票”。2009年3月，“直升机大本”兑现了他的诺言，1万亿美元货币即将注入金融体系，流动性潮水无疑将大涨，股市及其他风险资产（risky asset）快速反弹，天际的那一抹鱼肚白变成了初现的曙光。

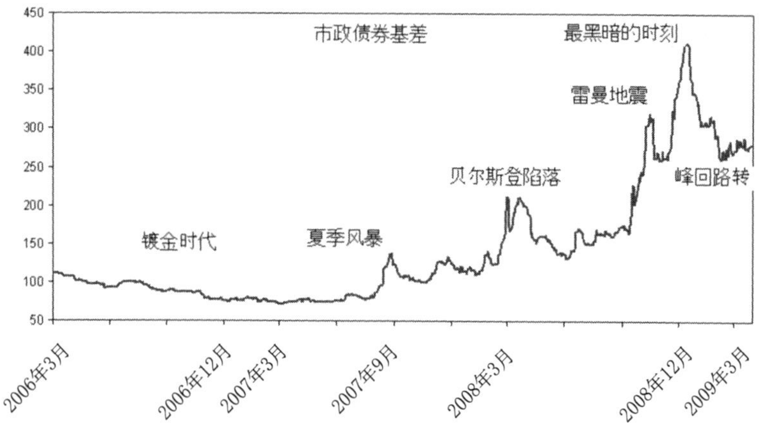

20。圣经故事

美联储将进行量化宽松的消息传出，我感到风向真的要变了。此前我已在“战壕”里猫了一冬天，基本保持空仓，只是偶尔找机会“打个冷枪”。现在反攻集结号已经吹响，应该是出击的时候了。

“市场看起来不错。我准备把头寸增加到5 000万美元左右。”我兴冲冲地向文森报告了行动计划。

没想到他却摇了摇头：“才5 000万？1个亿还差不多。”一副“人有多大胆，地有多大产”的口气。

其实别说1个亿，危机前我们10个亿也玩儿过。那时候市场波动性小，10亿美元债券头寸也不会造成多少输赢波动。但危机开始后情况发生了巨大变化，市场波动性升高了很多倍，债券像股票，股票像过山车，肯定不能再像以前那样玩儿了。我觉得把头寸目标定在5 000万美元，保守一点为好，而文森竟张口就是1个亿，完全是“左”倾冒险主义。

"上级不是反复指示过要严格控制风险，尽量压低头寸吗？我的交易策略是保本第一，去年那样糟糕的市场我都没赔钱……"我一面辩解，一面给自己评功摆好。

文森又摇了摇头："去年的市场确实很糟，很多交易员都变成惊弓之鸟，不敢再冒险了。但此一时也，彼一时也，你应该改变思维方式。"

接着，他给我讲了一个《圣经》里的故事。

※

《圣经·新约》马太福音第25章：

有一个严厉刻薄的人要出远门，他把自己的财产交给甲、乙、丙三个仆人管理。他按照这三个人的能力，给了仆人甲五个金币，仆人乙两个金币，仆人丙一个金币，然后就旅行去了。甲用五个金币当本钱做生意，又赚了五个金币；乙也做生意赚了两个金币；丙害怕赔本会遭到责怪，就把他的那个金币埋在地里。

过了一段时间主人回到家，得知仆人甲赚了五个金币，高兴地说："你很能干，今后我会给你更多权力。"

他对赚了两个金币的仆人乙说："你也干得不错，我也会增加你的职权。"

这时，仆人丙捧着那个刚从地里挖出来的金币说："您是个出名的刻薄人，经常干些不播种就想收粮食，不种树就想采果子的事。（太猛了，有这么跟老板说话的么？）我很害怕，所以把您给的那个金币稳妥地埋在地里了，现在原物璧还。”

主人一听大怒：“你这个笨蛋！既然知道我有不劳而获的爱好，就应该把这个金币拿去放贷挣利息！现在我要把你这唯一的金币也夺走，交给会赚钱的仆人甲管理！”

※

我十分惊讶，这讲的不就是投行的事情吗？管理层就是那个严厉刻薄的主人，既要求你赚钱，又不允许你冒太大风险。而我就是那个胆小的仆人丙，把金币埋在地里，一心只想着保本。在竞争如丛林般激烈的投行里，畏畏缩缩的交易员绝不会有前途，只有看准机会敢于冒险的人才能赢得信任，获取更多职权。我不得不佩服文森，这个圣经故事用得恰到好处。聪明人当然一点即通，我马上表示：一定抛弃“丙式思维”，向甲学习，该出手时就出手！

这件事让我联想起华尔街的一段轶闻。1992 年，对冲基金传奇人物索罗斯（George Soros）大举放空英镑，最后竟打败了英格兰银行（英国中央银行），迫使英镑贬值并退出欧洲货币体系。此役索罗斯豪取 11 亿美元利润，一战成名。其实首先发现英镑弱点的并非索罗斯本人，而是他手下的基金经理朱肯米勒（Stanley Druckenmiller）。索罗斯对英镑之役的“唯一贡献”就是促使朱肯米勒以巨大的头寸放空。敢于在关键时刻下大注正是索罗斯的过人之处。据说某次朱肯米勒兴冲冲地向索罗斯汇报一笔成功交易，索氏听完嗤之以鼻：

“才 10 亿美元？这也叫头寸？马上增加一倍！”

文森给我讲圣经故事，与当年索罗斯鼓励朱肯米勒有异曲同工之妙。而我居然也像朱肯米勒一样，发现了“英镑”式的交易机会。

※

2009 年春天，市政债券市场上出现了一种新生事物：建设美国债券（build America bond，BAB），它正是金融危机的产物。

传统上市政债券利息收入免缴联邦所得税，因此购买者主要是边际税率高的富人和保险公司等。一些大金主如退休基金和海外资金则基本不碰市政债券——它们要么不交美国所得税，要么有税收优惠，自然不会买免税但利息较低的市政债券，这就限制了地方政府的融资渠道。金融危机中问题变得特别突出：富人资产缩水，起平衡市场作用的杠杆套利交易者又纷纷撤退，市政债券的需求一下减少了，地方政府债券不好卖，利率节节攀升。各地方政府本来就因为经济萧条而赤字增加，债券利息升高又雪上加霜，只得纷纷向联邦政府求援。

美国联邦政府照例奉行“给钱不如给政策”的一贯方针，于是 BAB 横空出世。这种债券与传统市政债券的最大区别是利息收入需要缴纳联邦所得税，同时联邦政府直接补贴地方政府 35% 的利息支出。这是一条“四两拨千斤”的妙计：BAB 没有税收优惠，利息较高，原本不碰市政债券的退休基金和海外资金等都成了潜在买家，地方政府的融资渠道大大拓宽，债券乏人问津的问题马上获得解决。地方政府能拿35%的利息补贴，实际融资成本比发行传统市政债券还低，缓解了财政问题。从联邦政府的角度看，尽管要支付补贴，但利息税能收回一部分，实际支出大约为利息的10%～20%。假设BAB的年发售量为1 000亿美元，平均利息7%，相当于联邦政府以每年10亿美元左右的微小代价帮地方政府解决了融资的燃眉之急。这实在是一招“花小钱办大事”的高棋！

BAB将开始发行的消息一出，我就意识到这种新型债券将受到追捧。管理大资金的机构投资者最重视分散风险，地方政府的运营方式和企业完全不同，又有可以征税的独特优势，因此投资市政债券从理论上说是非常好的分散风险和增加回报的手段，只不过传统债券免税而低息的特性将很多投资者拒之门外。现在有了BAB，我完全可以设想机构投资者的董事会议上进行着如下讨论：

分析师：“BAB这种新型债券有很多优点：信用风险低，回报高，还能分散本基金在企业债、住房债等其他投资的风险……”

董事：“那么我们投5%的资金在BAB上吧！”

如果机构投资者按比例划拨资金购买BAB，那么一股资金洪流将涌入这个新市场。多年的赌博经验告诉我：在新游戏中最容易赚钱。BAB 就是一个新游戏，大干一场的时候到了！

4 月初，BAB 正式登场。最初发行的几只债券果然受到投资者热烈追捧，如新泽西高速公路债，开盘即飙涨 5%，也就是说买 1 000 万美元债券转天就能赚 50 万美元（对比一下：危机前那笔成功的 1 000 万美元俄亥俄州住房债券交易才赚 2.5 万美元）。当然因为机构投资者大量认购，想拿 1 000 万美元债券极为困难，情形居然有点像中国股市的“打新股”。市场情况完全符合我的预计，只是这几只债券都是 30 年长期债，不是我的交易职责范围。我摩拳擦掌，等待着一星期后发售的第一笔大型短期债：加州综合债（general obligation bond）。

加州是美国最大的州，经济发达，硅谷和好莱坞都在其境内。但加州竟然也是财务状况最差的州，信用评级倒数第一，主要原因是公务员工资福利支出过多，大量涌入的墨西哥非法移民加重了社会保障系统的负担，而经济衰退导致州政府税收减少。不断恶化的财政状况令一些投资者对加州债券有所顾虑，而加州综合债的发行规模又很大，如本次 BAB 面额就达 50 亿美元，其中包括 20 亿美元短期债。

我估计承销债券的高盛对于这笔规模大、信用差的债券能否顺利发售应该没把握，因此定价范围必然偏低。所以我下了开始交易以来最大的一单：申购 5 000 万美元面额 5 年期债券。临近收盘时，高盛销售夏侃打来电话：申购总额为发行量的 3 倍左右，债券分配情况将于明天早晨告知。我相当兴奋，市场反应比预期好，按比例我应该能拿到1 600万美元左右债券，开盘后肯定涨，可以赚一笔了。

第二天一早，夏侃来电，语气极为沉重：

“小渔，报告一个坏消息，你只拿到了200万美元债券。”

什么？我几乎从椅子上跳起来，少给债券的事以前不是没有过，但应得1 600万美元只给200万美元，这也太欺负人了吧！我愤怒至极，马上严厉谴责高盛不讲江湖道义的恶劣行径，并告诉夏侃，如果不多给些债券，以后我要重新考虑和高盛的关系！

夏侃对我深表同情，并附和着谴责了那个“负责分债券的混蛋”，然后答应帮我再争取一下。此时我渐渐平静下来，心里掂了掂自己的斤两，我们跟高盛做的生意不算少，但恐怕只能算中等客户，夏侃真能给我要到更多债券吗？好像不乐观。

不出所料，夏侃很快来电：“抱歉，只能给200万美元。”

这时我已完全冷静下来，想想真跟高盛关系搞僵了也不好，于是我幽怨地对夏侃说：

“我知道BAB市场吸引了很多新客户，你们是把债券都照顾他们了吧？可是鲁西银行这个老客户呢？！我也在高盛混过几天，咱公司有句祖训：‘如果我们为客户提供了优质服务，我们自己的成功就会随之而来。’（If we serve our clients well, our own success will follow.）可你们这叫啥服务？”我有点语无伦次地开始对夏侃进行革命传统教育。

"抱歉抱歉，下次一定照顾你！"夏侃虚伪地在空气中画了一个未来大饼，然后表示并非他自己无能："像你们这样的套利炒家客户（arbitrage accounts）这次拿的都很少，有些还不如你呐！"

听到这句话，我脑中忽然灵光一现：套利炒家拿的少，那债券都给了谁呢？脸厚心黑的高盛不会无缘无故得罪我，一定是遇上了更难缠的"横主"。我静下心来，展开福尔摩斯式的推理……

那几天市场传言太平洋投资管理（PIMCO）、加州公务员退休基金（CALPERS）等大机构投资者都准备进军BAB。这些机构管理的债券类资产都以上千亿美元计，它们很善于利用自己的市场地位，有时会以"蛮横"的方式下单：

"5亿美元债券，少一个子儿我就不要了！"

对，一定是它们把债券抢走了！高盛对这些巨无霸级的投资者当然会百般逢迎，更何况BAB市场才刚开始，以后承销债券的生意要做得顺当，还得靠这些大爷们捧场。高盛惹不起格罗斯（Bill Gross，太平洋投资管理公司掌门人），就欺负我们这些倒卖债券的小商贩。虽说加州综合债券的整体申购额只是发行总量的三倍，但债券绝对不是平均分配的。估计格罗斯之流是要多少拿多少，对我们这些小商贩，申购5 000万美元只给200万美元可能算不错了。

加州债券分配丑剧的真相渐渐有了轮廓。为进一步核实情况，我开动情报网，让街上和我关系比较好的几个销售去打探消息。销售们都有特务的素质，不一会儿就传回情报，他们的大机构客户对加州债券分配总体满意，套利交易客户纷纷破口大骂，中小客户则怨声载道——这些人既没有太平洋投资管理的规模，又没有我们和高盛的长期交易关系，很多人一点债券都没拿到！

我暗自冷笑，果然和我的分析差不多！机会来了。

※

围绕加州债券的“战场态势”提供了一个绝好的动量交易（momentum trading）机会。所谓“动量交易”，简而言之就是在走势极强的单边市场里搭顺风车。这样的机会通常出现在供求关系严重失衡的情况下，比如中国楼市刚启动时。

但动量交易手段并非任何时候都好用，因为金融市场在大部分时间供求关系是基本平衡的，趋势难以判断。比如中国股市的“打新股”，股票承销商为保证发售成功，通常把价格定得偏低，所以新股往往跳空高开。从供求关系角度分析，很多人“打新股”就是为了赚取初级市场和二级市场间的差价，他们获利了结时会给市场带来抛压；但准备长期投资而没拿够股票的投资者则会买进。总体而言供求双方力量对比扑朔迷离，因此新股走势难以预测。

新发债券的交易情况也类似，有时会开盘跳高，是否继续涨则不一定。但加州综合债券的分配情况相当特殊：从事“倒卖”的套利交易者没拿到多少债券，所以来自他们的抛压不会大；格罗斯之类的大机构投资者注重中长期，他们也不会立刻卖出债券；而真正打算持有加州债券的中小投资者需求没得到满足，他们只能到二级市场购买。很明显，加州债券的二级市场买盘将远大于卖盘，价格非常可能持续上涨。

在上升动能很强的市场里，买家常常因为迟疑不决而错失良机。比如近几年的中国楼市，上一个楼盘还是每平米一万元人民币，新开的下一个楼盘就是一万一，你觉得不合理，稍一犹豫，再下一个楼盘就一万二了。在这样的大牛市中，不能拘泥于价格上的细枝末节，依笔者经验，第一个卖方报价往往是最好的报价（The first offer is often the best offer）。也许有读者会问：既然如此，谁还会卖呢？答案是：赚了钱的人。就如同那些拿到好牌就变得十分保守的赌客，很多投资者赚了钱都绷不住，急急忙忙获利了结，过早把好货出手。

加州综合债券果然开盘就跳高了40个基点，100美元发售价的5年期债券变成近102美元。我毫不犹豫，见到还可以的报价都统统吃进，几天时间就积累了5 000万美元头寸。夏侃相当吃惊，他本以为我会把分到的200万美元债券卖掉，赚点钱就走人的。也许几个月前的我会那样做，就像普林斯顿大学债券那笔交易。然而夏侃大概没听说过“士别三日，当刮目相看”这句话——我不会再重复过去的错误。

“债券黄牛”手中为数不多的头寸很快就被基本清空，而中小投资者的买盘却源源而至，市场供求变成完全的一边倒，加州综合债券连续跳高，5年期债券与同期国债的利差从发行时的

325 基点缩小到 220 基点，我手里 5 000 万美元头寸的纸面利润超过了 100 万美元。

文森的圣经故事帮助我实现了思维上的飞跃：永远把金币埋在土里保本的交易员没有前途，看准机会“该出手时就出手”才是王道。4 月份我全面出击，特别是抓住了 BAB“新游戏”的绝好动量交易机会，一个月盈利就达数百万美元，顺风满帆，高歌猛进！

21。善败者不乱

2009 年春天，全球金融市场复苏迹象日益明显。各国政府的刺激经济措施开始显现成效，对银行业的紧急输血把这个“心脏产业”从休克状态拉了回来。美国监管机构强制各大银行对资本情况进行“压力测试”（stress test），然后根据测试结果向资本不足的花旗银行等追加注入资本。这一系列措施增强了投资者对银行业的信心，金融体系的造血机能开始恢复。同时，美联储大量注入流动性的量化宽松政策使经济中的流动性开始增多，而零利率的压力让投资者不得不考虑走出货币市场“防空洞”寻找投资机会。在这样的大背景下，从股市到债市再到大宗商品市场，价格都出现了明显反弹。

市政债券市场也相当红火，新生事物 BAB 的消息逐渐流传开来，越来越多的投资者涌入这个新市场，早人一步行动的我搭了一趟畅快的顺风车。手中的 5 000 万美元加州债券更让我体会到“掌握稀缺资源”的感觉：市场上加州债券供给有限，不少面向零售和中小机构投资者的地方性券商都从我这里进货。当它们的客户想出售加州债券的时候，我也愿意提供比大银行略好的报价。如此一来，我有进有出，稳稳当当赚个差价，需要调节头寸时就和高盛、巴克莱等做几笔交易，一直把加州债券存货保持在5 000万美元左右。稳步上升的盈利让我越来越有自信：债券交易似乎挺容易。

债券交易当然并不容易，顺风满帆之际，或许礁石就在前方！某位对冲基金界前辈高人曾经说过："每当我自鸣得意之时，就离失败不远了。"此言不虚！

※

6月上旬，加州债券的零售生意明显减少，价格也略微回落。某日，巴克莱的销售孟仁来电话了：

"小渔，你最近的加州债券生意做得不错嘛！从我这儿进的货，转手都赚了不少吧？干得漂亮！"

孟仁的夸奖，我从来不当真。雷曼的市政债券交易部门向来以"狡诈"（tricky）著称，虽然现在转归巴克莱银行旗下，行事风格未必能有什么改变。孟仁来电当然不是为了恭维我，一定有什么戏要唱。

孟仁果然开始推销："山姆（巴克莱交易员）手里还有1 000万美元5年期加州债券，他想腾出手来干点别的。你知道，最近巴克莱承销了几单大型新债券，山姆必须在二级市场为客户提供流动性支持，所以加州债券这边他只能割爱了。报价 235 基点（收益率比同期国债高 235 基点），很便宜呀！”

我心想，倒也言之成理。金融危机后各银行对资本使用十分谨慎，都尽量控制债券存货量。如果巴克莱想减少头寸，可是个买便宜货的好机会。我知道高盛对 5 年期加州债券的报价是 240/230（买入价 240 基点，卖出价 230），所以故意报了个比高盛还低的 245，按说孟仁不可能接受这个价格，我想看看他如何还价。

电话另一端的孟仁高声吆喝：“山姆，小渔出价 245！”销售有时爱用这招，把自己打扮成无辜的消息传递者，好像这样客户如果吃了亏就怪不到销售头上，要怪只能怪那个邪恶的交易员。

几秒种后，电话里传来了无辜信使孟仁的声音：“山姆说 245 可以，卖了。”

我心里咯噔一下，卖了？瞬间我想起了 2007 年 10 月的那笔田纳西住房债券交易，难道风向要变？

虽然心里打鼓，但想到高盛的报价是 240/230，我又略为安心了些。也许山姆真的弄错了，大券商相互间是竞争关系，交易都通过中介，信息不畅的事情时有发生。我决定把刚买来的 1 000 万美元债券马上转给高盛。

我拿起电话拨通了高盛销售夏侃，闲扯了几句天气之类的废话，然后似乎不经意地问道：“你的交易员对 5 年期加州债券报价多少？”我特地没说明打算买还是卖，免得对方故意压价。

夏侃向他的交易员核实了一下：还是240/230。我强按心中喜悦，用尽量平静的语调告诉夏侃：“就按240报价，我卖1 000万美元。”这样一来不但能把刚接过来的包袱甩给高盛，顺手还能赚2万美元（245买进，240卖出，净赚5个基点）。

“请等一下”，夏侃把电话放到静音，显然是在向交易员确认这笔交易。通常就是一句“OK”的事情，这次竟用了好几分钟。我有点担心，难道高盛的老狐狸们看出了什么破绽？果然，夏侃带来了坏消息：

“抱歉，伊森（高盛交易员）说他只买250万美元。240基点的报价只管这么多。”

我暗呼糟糕，这个伊森比一休还聪明！前阵子加州债券热门的时候，他有多少照单全收，什么时候改小本经营了？估计哪里让他起了疑，虽说出口的报价不能改，但人家没说过买多少呀！我只得强做镇定，跟夏侃打哈哈：

“别扯了，高盛一单只买250万美元，这也太小儿科了吧？”

夏侃表示要帮我和伊森据理力争：这又是销售的一贯伎俩，他们好像永远和客户站在一起，他们是无辜的，坏主意都是别人想出来的。

夏侃当然什么也没争取来：“对不起，我尽力了，但伊森只肯买250万美元。”他假作无奈，然后透露了“秘密”消息：“伊森说这笔交易后他的报价就要退到250/240了。”

F**k! 我暗骂了一句四字美国成语（脏话），这个伊森也太狡猾了。可我的底牌已经暴露，也只能先卖250万美元再说。高盛的报价果然立刻退到250/240，我有一种搬起石头砸了自己脚的感觉：为了区区250万美元的小交易，我手里剩下的5 000多万美元加州债券的市价全都跟着跌了！更糟的是，我隐约觉得加州债券可能要出问题。

第二天，金融媒体果然报道了加州财政状况恶化的消息。前面谈到过，加州固然是美国经济最发达的州，但政府开支，尤其是社会福利和公务员薪酬开支也极为庞大，而加州的税源又过于依赖资本增值税和房地产相关税种。金融危机令股市和房市暴跌，加州政府收入随之减少，激增的失业人口又让社会福利开支大幅增加，州政府面临上百亿美元财政赤字压力。

其实美国联邦政府几乎年年财政赤字，一般都是增发国债把窟窿补上完事。只要国债总量占GDP比例控制在一定范围内，理论上说赤字也没什么大不了。但美国各州政府对赤字的应变能力却远不及联邦政府，因为各州都有宪法，大多数不允许本州政府借债过日子（以债券形式将未来收入现金流套现则不在此列）。说来有趣，美国早期移民主要是勤劳俭朴著称的新教徒，他们对“寅吃卯粮”的行为深恶痛绝，虽然现今的美国联邦政府早已抛弃了勤俭节约的好传统，但先人们以州宪法形式定下的规矩依然是套在各州政府头上的紧箍咒。于是面临财政赤字的加州政府面前只有两条路：要么增加税收，要么缩减开支。

民主党在加州议会中占据多数，该党代表穷人、少数族裔和工会的利益，尤其政府雇员工会是民主党的重要支柱，所以民主党当然反对大幅减少公务员薪酬和社会福利开支，他们主张对富人增税。可是加州法律偏偏又规定增税需要议会60%多数通过，民主党席位不够。代表富人和保守派利益，一向以“小政府，低税收”为口号的共和党坚决反对增税，主张削减政府开支。议会中的两派相持不下，财政预算谈判陷入僵局。州长施瓦辛格在电影里经常扮演“终结者”式的硬汉，对态度顽固的两党议员却束手无策。州政府的年度预算案通不过，就无法正常发行短期融资券周转资金，加州主计长发出警告：政府金库将告罄，很快就只能用“白条”付账了！

消息一出，三家主要评级机构相继将加州债券放入“监视名单”（watch list），预备降级。加州债券流动性陷于枯竭，大券商中只有高盛还坚持做市，但也明码标价每单只做250万美元，我试探性地卖了一单，高盛的报价马上退到了260/250。

形势十分险恶：我手中还握有5 000多万美元加州债券的重仓，而价格很可能暴跌！照理说，尽管加州政府财政状况恶化，5年内破产的可能性依然微乎其微，5年期债券的价格似乎不应该有太大变化。但决定金融产品短期内价格起伏的往往不是内在价值，而是供求关系。加州财政的负面消息就是一条足以改变短期供求关系的重大新闻：买家会驻足不前，令买盘减少；更重要的是，原本打算长期持有加州债券的投资者不得不重新评估，可能决定减仓甚至清仓，这就意味着将涌出本来不存在的大量卖盘。目前加州债券交易量稀少，价格尚未大跌，不少投资者应该还在犹豫观望，一旦跌势开始，完全可能引发类似次贷危机的雪崩式崩盘！

包围圈正在合拢，而突围似乎很困难，稀疏的流动性仿佛一条大河阻挡住我的退路，5 000多万美元加州债券都通过高盛这座独木桥撤退是不现实的。也许只能固守待援，企盼市场反转？

我焦虑不安，苦思对策。这样的场景好像在什么地方见过：大部队即将陷入合围，撤退的道路上只有一座狭窄的桥梁，司令官迟疑不决……突然间，我想起了一段历史故事。

1948年11月，华东野战军秘密南下，意图包围歼灭徐州以东地区相对孤立的国民党军黄百韬兵团。本来黄兵团有足够时间向徐州撤退，但黄百韬为接应海州方面的小股部队，白白在大运河以东的新安镇浪费了两天时间，将宝贵的先手让给了华野。黄百韬更大的错误是在等待的两天里竟然忘记在运河上架设浮桥，结果十万大军全都从唯一的铁路桥撤退，再次延误了时间。最终黄兵团在徐州与运河之间的碾庄地区陷入重围，虽经顽强奋战，依然难逃被全歼的命运。国民党军的中原战局就此一泻千里，主力兵团损失殆尽，固守东南半壁江山的计划也化为泡影。

我猛然意识到，现在的处境竟和淮海战役中的黄百韬兵团颇为相似！我手中那5 000万美元加州债券就好比黄兵团，不断下落的价格就像飞速南下的华野，稀疏的流动性就仿佛阻挡黄兵团撤退的大运河，而每单只买250万美元的高盛，分明就是运河上那唯一的铁路桥！如不及时撤退，我这一大批加州债券就可能被“包围歼灭”，那样不但损失钱，更将失去上级刚建立起的信任。如果等到老板下达强制减仓命令，就会引发连锁反应，让我的整个交易计划像国民党军那样全面崩溃。

很明显，要逃离险境就一定得避免黄百韬的错误：

第一，马上行动，不能在“新安镇”傻等。

第二，多路撤退，立即“架设浮桥”。

确立了战略总退却的目标后，我开始为手中债券寻找流动性。首先通知合作的地方性券商，把面向零售客户的电子交易平台上挂出的加州债券统统大幅降价，同时让他们去寻找中小型机构客户，尽力推销加州债券。广撒大网的方法应该能卖掉一些债券，这是第一座撤退浮桥。

但5 000多万美元加州债要迅速清仓，还得从出货量大的机构市场（institutional market）想办法。高盛那边是市场标杆，暂时先不能打草惊蛇，我仔细搜索了所有券商的报价单，惊喜地发现花旗银行对5年期加州债券还有报价！自从花旗银行被美国政府接管后，奖金将受限制的传闻不断，花旗员工“不知为何而战”，士气低落。例如花旗BAB交易员的行动就总是慢半拍，其他银行的加州债报价涨到220了，他还在240，自然做不成任何生意。现在市场反转，“慢半拍”杀价的速度也比别人慢，他的

265 的买方出价在一天前还低得离谱，现在却成了宝贵的第二座撤退浮桥。

我拨通了花旗销售，试探性地表示可以按花旗出价卖 1 055 万美元加州债券——我故意弄了个有零有整的奇怪数字，好像手里只有这么多债券了。我本来担心花旗不肯全买，没想到人家是“国有大银行”的范儿，照单全收！不过这一来“慢半拍”终于做了一单加州债券生意，估计引起了警觉，他的出价退到了 280。

接下来我把目标转向巴克莱，该银行继承老雷曼传统，以债券大王自居，对很多债券都有“指导性报价”（indicative market）。可是当我告诉孟仁可以按巴克莱的 270 出价卖 935 万美元债券时，他竟表示这只是指导价，山姆并不想买。我心知孟仁说的是实话，但这种时候决不能脸皮薄，于是我故作震惊，继而拍案大怒：

“不想买你放个报价干什么？消遣广大群众不成？现在我说了准备卖，动机已经泄露，你又不买，不是白套我消息吗？以后让我怎么跟你做生意？！”

估计这最后一句“威胁”起了点作用，孟仁毕竟不想失去客户，跟山姆商量了一番后，向我表示可以买，但价格不是 270，得按 275 算。无耻的山姆！事到如今也只能“大行不顾细谨”了，我马上甩了 935 万美元债券给巴克莱：这是第三座浮桥。

现在该使用高盛这座“铁路桥”了，我连续甩出几单，把高盛的报价砸到了280/270。夏侃关切地询问我还有多少要抛。我如实回答：军事机密，无可奉告。

第一天撤退了60%，但我知道市场已被惊动，明天可能会出现雪崩式下落，撤退速度还得加快！第二天早盘果然有人挂出加州债券出售，报价比高盛出价略高。我不禁摇头，这种时候还企图讨价还价，完全是业余行为，我得赶在他们前面行动！到图穷匕见的时候了，花旗交易员“慢半拍”出价280，hit（按出价成交）！高盛280，hit！ 290，hit！ 300，hit！对地方性券商那边“网”来的中小客户，所有出价一律hit！

抛出最后一笔债券的时候，高盛已经退到310/300了。我长舒了一口气，虽然三天就损失了80万美元，但总算脱离了险境。这时市场上的加州债券卖单更多了，望着还在“运河对岸竞相争渡”的败兵们，我真想给半个多世纪前的黄司令官再发一枚青天白日勋章——他的失败教训提醒了我如何在债券交易中跳出“流动性包围圈”：撤退行动必须坚决果断，不要忘记架设浮桥。

几天后加州债券的价格就掉到了350！我正暗呼侥幸，忽然背后有人如鬼魅而至，一双有力的大手按住了我的肩膀。不用问，是负责整个固定收益交易部的大老板。

“小渔，我们还有多少加州债券头寸？”

“零。”

“很好。”大老板施展轻功，言未毕，身形已在数丈之外。

如果我没有平仓，5 000 多万美元加州债券的损失将达到近300 万美元，那又会是怎样的结局呢？

※

这场加州债券突围战相当具有典型意义。流动性一直是困扰债券投资者的重大问题，次贷危机中流动性的突然消失就曾令众多杠杆债券投资者“牺牲在包围圈中”。然而事物总有正反两个方面，流动性差的债券市场趋势却比较强，这恰与流动性强而趋势弱的股市形成对照。

股票炒家常常感叹：为什么我没买的时候股票天天涨，一买就开始跌呢？这实际上是股票市场难以预测性的体现。虽然任何一本入门的炒股书都会讲“趁势”（follow trend），但有多少人真会跟踪趋势？股票真的有趋势吗？像美国股市这样的成熟市场流动性极强，巨大的成交量和丰富的衍生产品让牛熊双方随时可以进出大单，无所不在的套利交易者在买卖之间跳来跳去，以致供求关系扑朔迷离，趋势难以确定。按照学术界流行的“有效市场理论”（efficient market theory），成熟的股票市场走势根本无法预测。尽管有效市场理论是否完全正确一直存在争议，但有一点可以确定：想跑赢股票大市很难。直白地说，绝大部分人费力炒股纯属瞎耽误工夫。

而流动性差，令许多人望而生畏的企业债、市政债等债券市场却有一个极大的优点：趋势强。究其深层原因，债券发行者有实际融资需要，债券购买者有实际投资需要，供求双方均不以价格为唯一出发点，这与房地产市场中买房者出于实际使用需要，有时对价格不敏感的情况十分类似。这就不难理解，实际需求占据主导的债券和房地产市场为什么经常会因为供求关系不平衡而形成价格趋势，而稀疏的流动性和交易方面的限制令套利者难以轻易用金融手段改变供求关系，这些市场的价格趋势遂得以延伸。

流动性和趋势仿佛相生相克的阴阳两极，万众瞩目的股市流动性强而趋势弱，其实不容易把握；流动性差而趋势强的债市和房地产市场，倒时常有上好的投资机会。依笔者总结，债券投资和房地产投资的诀窍类似：紧跟趋势，注意流动性（Follow trend, manage liquidity）。

君不见，富豪中依靠房地产起家者远多于靠炒股起家者。在金融投资界，同样有很多大腕依靠债券类产品成名。房地产和债券投资通常都要使用杠杆，如何应对周期性的流动性危机是生存发展的决定性因素。最好的投资者必定是最“善败”的投资者，在撤退时请务必注意：行动须坚决果断，别忘了架设浮桥（拓宽流动性渠道）。

善败者不乱。

22. 新市场，新思维

2009年上半年，华尔街可谓经历了冰火两重天。年初正是金融海啸后前景最暗淡之时，当时的普遍看法是华尔街前途堪忧，投行业务将进入前所未有的低谷期。然而短短几个月时间，华尔街却咸鱼翻身，令许多人大跌眼镜。事后分析，原因其实很简单。投资银行做的是资本生意，简而言之就是为有融资需要和投资需要的客户提供服务。金融海啸后，融资和投资需求仍然存在，华尔街自然也就得到了浴火重生、自我适应新形势的机会。

从投资需求角度看，各国中央银行为对付危机普遍采取宽松货币政策，甚至使用量化宽松的极端措施，金融体系内的流动性增加，而零利率政策等于把流动性从风浪小的货币市场“近海”赶向高风险的股票、债券等“远海”，投资需求自然增加。从融资需求方面分析，实体经济衰退固然导致企业投资和个人借贷的新资本需求减少，但政府举国债刺激经济的措施却意味着公共经济部分的融资需求大增。此外，金融危机后调整资本结构的需求很大，比如结构化产品成为问题资产后，很多持有者需要减持或重组，当年是华尔街"造的孽"，现在做法事超度还得请同一批和尚道士。

正是由于这些原因，2009年上半年华尔街生意十分红火，高盛等更创下单季度盈利历史纪录。我自己也抓住大市反弹和BAB"新游戏"两个重要机会，几个月就完成了全年的盈利任务。高兴之余，我开始认真思考一个问题：今后应该如何赚钱？市场毕竟不可能一直反弹，BAB新游戏也会逐渐被投资者熟悉，需要寻找一种稳定的盈利模式。

在扑克牌桌上，一对A有一对A的玩法，一对3有一对3的玩法，最讲究因势利导，在交易中我也得找准市场定位。鲁西银行的平台似乎为我提供了一手"好牌"，但这牌究竟好在哪里，应该如何利用呢？直觉告诉我：金融海啸后华尔街的生态发生了重大变化，这是一个新的市场，需要新的思维方式。

※

上中学时我很爱看《福尔摩斯探案集》，书中的每个疑案初看都迷雾重重，经过福尔摩斯的观察推理，把蛛丝马迹背后的逻辑联系在一起，案子的脉络就变得清晰起来。危机后的金融市场有没有提供什么线索呢？我仔细观察了几个月，渐渐看出了些门道。

线索一：雷曼破产的最主要原因是资本不足，杠杆率太高。

假如雷曼的“本钱”（净资本，equity）多一些，承受亏损的能力强一些，或许债主们就不会恐慌撤资，雷曼也就不至于垮台了。

线索二：各国政府稳定银行体系的核心措施是注入资本，同时要求银行业清理问题资产，降低杠杆率。

线索三：2009年四五月间，美国监管部门对大中型银行进行了“压力测试”。简单地说，就是看看在极端的市场情况下，各银行是否能经得住亏损打击。很显然，资本多、资产质量高、杠杆率低的银行承受力更强。公开进行压力测试的目的就是要昭告天下：大部分银行是稳定安全的，借此恢复投资者信心。少数压力测试不合格的银行被要求融资和降低杠杆率，它们的股票价值和客户生意往来都大受影响。

很显然，几条线索都指向同一个关键点：净资本（equity）、持有资产数量（asset）和杠杆率（asset/equity）。在后危机时代，资本资产状况成为每家银行最为生死攸关的大事，甚至比盈利还要紧。既然“面子”比“里子”重要，那么各银行难免就会做些“要面子不要里子”的事情，比如在发布季度报表时“装装门面”，尽量降低外界所能看到的风险。

6月中旬，鲁西银行管理层下达了命令，要求严格控制持有债券数量，几个存货较多的交易组还被要求减仓。很明显，这是为降低二季度报表上的持有资产数额。其实鲁西银行是受危机冲击最小、信用风险最低的大银行之一，连我们都要控制资产量，那些有信用风险“嫌疑”，被市场盯得很紧的银行就更不用说了。

如果大家同时企图降低债券库存，价格当然会跌，所以我就预先降低了自己交易账簿的头寸。果然，6 月底的一天，巴克莱的孟仁来电话了：

“小渔，你是识货的。1 000 万美元宾州综合债券，开价只要市政基准利率 +30 基点。起码便宜了 5 个基点，很划算呀！”

“你们是要降低季度末的存货吧？”我先揭了他的底牌，以便讨价还价。

“没错。”明人面前不说暗话，孟仁承认了。

我压价后吃进了宾州债券，等到 7 月初很轻松就卖掉赚了近 10 万美元。这笔交易的实质是巴克莱为了资产报表好看，在季度末把 1 000 万美元债券转到了鲁西银行账上，我们的资产负债表当然不能白给人用，交易利润就是我的“收费”。虽然说鲁西银行也不愿多持有资产，但只要“费用”足够就值得干。我等于把鲁西银行“资本状况好、信用风险低”这个比较虚的优势转化成实实在在的利润了。

经过这笔交易，我的思路一下变得清晰起来：在后危机时代，资本最有价值，持有资产的能力最有价值，这正是鲁西银行的强项。我要想办法把本行的长处转化成利润，仅仅靠季度末“出租”资产负债表还不够，得寻找一种能持续盈利的模式。让我们继续效法福尔摩斯，通过分析金融危机前后的市场变迁来寻找线索。

※

所谓世事轮转，在前危机时代，“资本”恰恰是最不值钱的东西。长期低利率政策导致流动性泛滥，太平盛世多年后的华尔街风险意识淡薄，很敢用杠杆，也不得不用杠杆。在第5节中，我们曾经从杜邦公式的角度分析过投资银行商业模式的演进：当激烈的竞争将利润率压得很薄，趋于饱和的市场使增加流转变得困难，“微软模式”和“沃尔玛模式”都遇到瓶颈的时候，增加杠杆的“华尔街模式”就成为提高资产回报率的近乎唯一方法。

以市政债券市场为例，由于券商间激烈竞争，债券承销费用和做市交易差价被压低，各银行纷纷靠扩大资产负债表（增加杠杆）获取利润。举个例子，加州政府每年只发几次债券，但每次有数十亿美元之巨，债券供给好像“洪水”，投资者需求往往一时不足，于是承销商就略微降价，先自己把多余的债券买下来，然后慢慢卖掉以获取利润。券商的资产负债表等于起到“水库”的作用，雨季蓄洪，旱季放水。而对冲基金之类的套利交易者杠杆可大可小，资产可多可少，故也能充当“水库”。在流动性充沛的前危机时代，水库多且大，“收费”自然就低。

金融危机后，去杠杆化成为华尔街主流，而且由于竞争减少，利润率升高，投资银行也不需要依靠高杠杆盈利了。在市政债券市场，贝尔斯登与摩根大通合并，美林与美国银行合并，瑞银退出一级市场，等于大券商一下少了三个，剩余的高盛等承销业务自然增加，而它们的资产负债表使用又受到严格控制，“水库”变小而“洪水”增加，承销商常常只能将债券降价，把洪水推向下游。而在金融危机冲击下，套利交易者纷纷退出市场或者“瘦身”，“下游水库”变成了稀缺资源，我何不利用鲁西银行的资本优势经营水库呢？二季度末从巴克莱手中低价购买宾州债券的交易，不就是一个实例吗？

进一步分析，高盛等大投行客户关系强，承销生意多，而资本相对不足；鲁西银行在美国“没根”，客户关系不行，但资本充足，正好可以和高盛等优势互补。我利用“水库”蓄洪，等待时机以较便宜的价格吃进债券，交易已经成功了一半。不过，我还需要寻找“泄洪”的渠道，把债券卖出去才行。

在交易中我渐渐发现，大券商并非“泄洪”的好渠道。举个交易实例：5月下旬医院债券发售很多，我趁着“洪峰”从摩根大通低价吃进了一笔科罗拉多医院债券，一个多月后我觉得可以出手了，就让摩根大通的胡优帮我找买家。照理说这算是给胡优面子，也是对摩根大通卖给我便宜债券的回馈。可是一贯可靠的胡优这次似乎并不热心，勉强找来个买家，出价却很低。我又让高盛和花旗试着卖，结果连像样的出价都没有。为什么会这样呢？站在大券商的角度换位思考一下，其实很容易理解：危机后大券商承销生意繁忙，一级市场都顾不过来，对二级市场的注意力当然有限，它们的交易只集中于刚刚发行、流通性最好的债券，对于已发出一个多月、“热乎气儿”过了的科罗拉多医院债券自然没什么兴趣。何况当初摩根大通把债券低价卖给我时，就说明它也找不到更好的客户。

我于是决定换一种思路，让地方性券商帮我卖，结果没几天就通过一家总部在科罗拉多州丹佛市的券商卖了个很好的价钱，买家是当地某家小银行。这笔交易对我启发很大，原来最好的“泄洪”渠道是地方性中小券商！

在流动性充沛的前危机时代，套利交易者是市政债券市场的主导力量，他们属于大客户，购买债券动辄以千万为单位，销售渠道主要掌握在高盛等大券商手中。那时候我们自己也以大单交易为主，对家基本都是大券商，和中小券商的交易量只占很小比例。市场里职业玩家多，利润率自然降低，大家都纷纷靠增大杠杆赚钱。大券商和大玩家把持着市场，中小券商被边缘化。

危机后，职业玩家少了，出手也小了，市场返璞归真，有实际投资需要的传统投资者开始占据主导地位。市政债券的传统买家主要是富人和各式各样的机构投资者，分布很广，就投资规模而言大都属于中小客户。大券商的销售力量有限，专注于大客户，对中小客户往往鞭长莫及，这部分客户的销售渠道主要掌握在地方性券商手中：小券商通常与本地区的富人和小型机构等有千丝万缕的联系，大券商其实是比不了的。

这么一分析，情况就变得十分明朗了。在扑克牌桌上，我尽量避开其他高手，在债券交易中，我也尽量不与其他套利交易者对手：职业打职业谁都不容易赚钱。最好的债券买家是中小投资者，他们不太在乎价钱。就好比日常生活中我们去银行存款，其实无所谓利率到底是3.80%还是3.90%，只要差不多就行。我等于利用“水库”囤积便宜债券，然后提供给有需要的投资者，收点“服务费”罢了。既然中小客户的销售渠道主要在地方券商手中，那么它们才是最好的“泄洪”渠道。

根据这样的新思路，我开始建设自己的销售网络，与近20家中小券商建立了经常性业务往来。券商A在东北部很强，券商B在中西部根基深厚，券商C在西部实力不俗，券商D是南部一霸……我以“狼群”覆盖住美国地图，虽然鲁西银行自身一个市政债券销售也没有，但我通过与众多地方券商的业务关系，将销售渠道延伸至千千万万的中小投资者。地方券商其实也有个共同弱点：资本相对不足，“水库”容量有限。它们渠道强而资本弱，我们鲁西银行资本强而渠道无，正好又是互补！

从某种意义上说，我的销售网比拥有上万名经纪人的美林还大。因为券商间是竞争关系，不直接打交道，除非在同一个债券承销团中，否则美林无法使用其他券商的销售网，而我对所有券商来说都是客户，在需要卖债券时理论上可以使用所有人的销售网络。当然，我一般都会有的放矢，找在本地实力最强、最可能卖出好价钱的券商。

形象点说，我的新经营模式就是“在城乡结合部开一个蔬菜批发市场”，从高盛等“大菜农”处进货，然后通过地方券商的“小贩零售”渠道卖到市民手中。这似乎是个很平凡的商业模式，但却折射出金融危机前后市场生态的巨大变化。前危机时代，资本充裕的职业玩家相互比拼，靠的是数学模型、相对价值，还有最最重要的杠杆，市场变成了“投机场”。后危机时代，市场的功用回归本源：作为融资方与投资方之间的中介，起资本流通渠道的作用。新市场必定带来“新游戏”机会：谁能迅速作出反应，抛弃模型 + 杠杆 + 大单交易的旧思维，拥抱资本 + 渠道 + 分销式交易的新思维，谁就能占据先机。

确立了清楚的目标后，我在 2009 年下半年把扩大销售网络和增加交易量作为策略核心。从杜邦公式的角度看，既然新市场的利润率不低，我当然应该努力加快周转速度，甚至可以用牺牲一部分利润率为代价。对大券商，我尽力成为可靠的“水库”资源，为它们提供“泄洪”渠道；对地方券商，我尽力保证供货，并且为它们留出足够利润空间，以抢占市场份额。与中小券商交易量大增还带来了附加收获：我可以利用反馈回来的市场信息囤积货源，根据投资者需求变化和券商关系特点进货，并且能在市场风向转变时及早察觉。比如某精于田纳西州市场的券商可能向我报告：9 月 1 日一大批田纳西州债券将到期（mature），持有者需要重新投资，根据他们的分布特点，AA- 评级以上、价格在 100 ～ 107 之间的债券会很好卖。于是我就可以据此提前囤货，到时通过该券商高价出售。

这其实已经不是完全依靠交易员“聪明”，正确判断市场趋势赚钱，而是靠建立平台，靠“商业模式”赚钱了。我也开始像商人一样监测销售数据：交易量比 2008 年增加 5 倍，与大券商买多卖少利润率低，与地方券商买少卖多利润率高……交易数据明显反映出“分销模式”的特点，利润也像“开商店”一样比较稳定地实现，而不是像单纯根据市场起伏交易那样大起大落了。

某日，大老板看到我波动性很小，近乎以直线上升的盈利图线后，开玩笑说：“我简直怀疑你是麦道夫了。”

我回答：“我不是麦道夫，是麦当劳。守着‘商店’靠流转赚钱，当然比在市场上赌大小波动性低。”

古人云：世异则事异，事异则备变。危机后投资银行普遍检讨“对冲基金”经营模式，向传统的“投资银行”中介模式回归。新市场呼唤新思维，我的策略是：利用鲁西银行的相对资本优势，建立分销网络，把“交易”当成“生意”来做。

23. 关系学

在华尔街，搞关系是门大学问。正如美国谚语所说：“认识什么人比懂什么东西更重要。（It’s not what you know, it’s who you know.）”债券交易都是场外交易（over-the-counter trading），全靠打电话、发邮件，关系网大、消息灵通才能做好。我最重要的生意关系就是各家券商负责和我联系的销售们，他们既是我在市场中的眼线，又是通向客户的渠道。怎样才能和他们搞好关系呢？

在工作中我渐渐发现，销售之间水平差距很大，注意观察优秀销售的行事方法对提高境界很有帮助。就说“老滑”吧，他是某地方券商的资深销售，在圈内颇有名气，认识老滑的人都对他的业务能力称赞有加。我很愿意和老滑做交易，因为他不但说话中听，而且总让我觉得他在替我出主意，想办法帮我挣钱。其实老滑给自己挣钱一点不含糊，我经常摸不清他的底牌，往往事后才在彭博交易记录上看到他又赚了很大的差价。老滑既能给自己赚钱，又能让客户满意，是个关系学的高手。

小滑是老滑的徒弟，二人连说话的声音和语气都很像。不过小滑的道行可就远不如老滑了，和我做交易时经常被我把差价压到最低。我和老滑、小滑的生意越做越多，也不断在实践中领会着关系学的奥妙。

※

一个星期五，我正闲坐无事，小滑来电话了。周五下午通常生意清淡，可这次小滑却带来了“紧急军情”。

“小渔，我们有个单线联系的客户想要出手 800 万美元西雅图自来水债券，要价 2.90% 收益率。这只债券怎么也值 2.80%（收益率越低，债券价格越高），绝对是个好机会！”

听上去倒是不错。我边和小滑讨论，边用彭博查了查此债券的基本情况。该债券发行已有几年，其结构现在挺受欢迎，而且西雅图自来水债券供给不多，需求不少，卖家要价似乎确实便宜。可是想想过去的一些教训，我心里又有几分狐疑。

“这是个什么卖家？为何要价如此便宜？”我决定先套套小滑的话。

“呃……不太方便讲。总之是个特殊卖家，而且只与我们公司单线联系。”小滑越是神秘兮兮，我越是犹豫——别是个套儿。

“我再看看，过会儿给你打回去。”我说完收了线。

没过一分钟，电话铃又响了，这次老滑亲自上阵：“相信我，西雅图债券确实便宜。你可以略微砍砍价，2.92% 大概可以拿下，应该是不能再便宜了。但你动作一定要快！晚了就给别人抢先了！”

老滑真是个活雷锋，连怎么砍价都帮我想好了。可这种好事他干嘛非得找我呢？还是要摸摸情况，于是我又向他打听卖家到底是何方神圣。

老滑毕竟老道，懂得什么时候该说实话。他告诉我：卖家是个地方政府机构，渠道掌握在他们公司手里。这一来便宜债券的出处弄清楚了，也许老滑公司里哪个销售和政府领导是“发小儿”，才搞来的便宜货。于是我马上给了老滑 2.92% 的出价，吃进了西雅图自来水债券。

我终归有些不放心，就给美林销售艾米发了个彭博邮件，让她帮忙沽个价。其实我买的时候就已想好，西雅图债券似乎是信托（trust）投资者喜爱的类型，应该能用美林的经纪人网络卖出去。果然，艾米很快就兴奋地来电了：

“这债券你从哪里搞来的？我已给经纪人们发出讯息，正等候回音。不过我可以告诉你，这类债券很好卖！我的交易员现在就愿意出价 2.85%，把西雅图债券囤下来！”

不费吹灰之力，我已经至少赚了 7 个基点（3 万多美元）！当然我不会马上卖给艾米，做人得讲义气：老滑弄来的好货，卖的时候也得给他个机会。就在此时，老滑又来电告知那个卖家还有两只情况类似的债券要便宜出手！这次我毫不犹豫，略砍了砍价就全都吃进。

2 000多万美元的便宜货到手，我既得意，又有几分不解：怎么会有这样“天上掉馅饼”的好事呢？苹果把牛顿砸明白了，“馅饼”却把我给砸糊涂了。正思量间，又一个“馅饼”掉了下来——小滑再次来电：

“西雅图自来水债券能不能卖我200万美元？我们的一个零售经纪人想要。”

不到一小时，他又要把刚刚卖给我的债券买回去！我真是弄不懂。不过有人买总归是好事，我报出了2.80%的要价。

“你可是2.92%进的，才一会儿就涨这么多？”小滑略显犹豫。

“西雅图自来水怎么也值2.80%！”我把小滑刚刚兜售时的说辞回赠给他，“这种类型的债券应该很好卖，我和美林做过不少类似的生意……”

小滑当然听得懂弦外之音：咱讲交情，但不是没其他路子。一张之后还有一弛，我略微松了松口，按2.82%的“友情价”卖了200万美元债券给小滑。

小滑的面子给过了，我马上抓起电话打给艾米。有了刚刚这笔2.82%的交易，艾米自然得出同样价格，几百万债券很快就通过美林的网络出手。我转回头又打电话给老滑报告了美林的交易，然后假惺惺地表示：“看来西雅图自来水是抢手的好货，所以我特地没都卖，给你留了一部分。”老滑不得不表示感谢，同时加紧兜售剩余债券。

就这样，2 000多万美元债券在两天内通过老滑和艾米迅速出手，我轻松获利约15万美元。利润数额不算太多，但这是一桩皆大欢喜的完美交易：老滑先卖后买做成两次生意，销售提成丰厚，我们之间的关系更加巩固；艾米也很高兴，她不但赚了销售提成，而且搞到抢手货，帮零售经纪人也赚了钱，很有面子。

得意之余我却有几分不解：老滑有关系，艾米有渠道，而我何德何能，竟能捡个15万美元的现成便宜？看似古怪的事情其中必有道理。我仔细思索了一番之后才恍然大悟：原来我充当了利益分配链条中关键的一环！

这宗交易概括起来说就是：某地方政府机构愿以低于市价约20个基点的价格出售一批债券，而华尔街迅速完成了分销过程，把债券以高于市价约5个基点的价格卖给了小投资者。总共25个基点就是所有人利润的来源，要想分一杯羹，就得抢占分销流程中的一个环节。我们不妨通过下面的示意图仔细分析一下其中的玄机，图中实线箭头代表实际的销售流程，虚线代表可能的流程。

首先，地方政府机构之所以便宜出售债券，多半是因为搞不清楚实际价值。债券产品种类繁多，又都是场外交易，价格有一定的不透明性。即便是同一个发行者（issuer）的债券也有到期时间、息票（coupon）等差别，就好像同一个小区的房子也有户型、朝向、楼层之分。专业的交易销售人员能大致知道“什么房子值多少钱”，偶尔买卖债券的地方政府机构“领导”自然弄不清楚，何况既是“公家财产”，他也未必多么认真，所以该机构就扮演了“钱多，人傻”的角色。

这个政府客户单线掌握在老滑公司某位神通广大的销售手里，不妨称此人为“领导哥们儿”。有这么好、这么铁的关系，“领导哥们儿”应该赚大钱，但他也得把债券卖出去才能把“关系”转化成销售提成。当然，他可以让本公司的交易员把便宜债券囤下来（如图中虚线所示），但如此一来利润的大头就归交易员了。第4节中曾谈到，同一家公司的交易员和销售间关系微妙，利益往往并不完全一致，此处就是一个实例。对“领导哥们儿”来说，最理想的是绕过交易员，通过另外一个销售直接把债券“倒卖”出去，马上实现一大笔利润，然后两个销售分钱。可谁能帮他找到买家呢？这时，精明的老滑登场了。

站在老滑的角度，这是个稍纵即逝的好机会：如此便宜的债券肯定不难卖，要是让别个销售占了先，就没他什么事了，于是老滑马上想到我。我对市场情况熟悉，能快速做出反应，手中资本又多，能轻松吃下2 000多万美元债券，老滑的其他客户未必能做到这两点。就算另有实力强、反应快的机构投资者，老滑也还是更愿意卖给我。为什么呢？因为其他人是“投资者”，债券到手一时不会卖，老滑只能做一遍生意；而我是“交易员”，今天买了以后还得卖，老滑把债券存我这儿，“紧俏商品”的货源渠道就掌握在他手里了，还能再做二遍生意，多么精明的算计！也正因为如此，他才全心全意为我出谋划策，而且为了快速做成

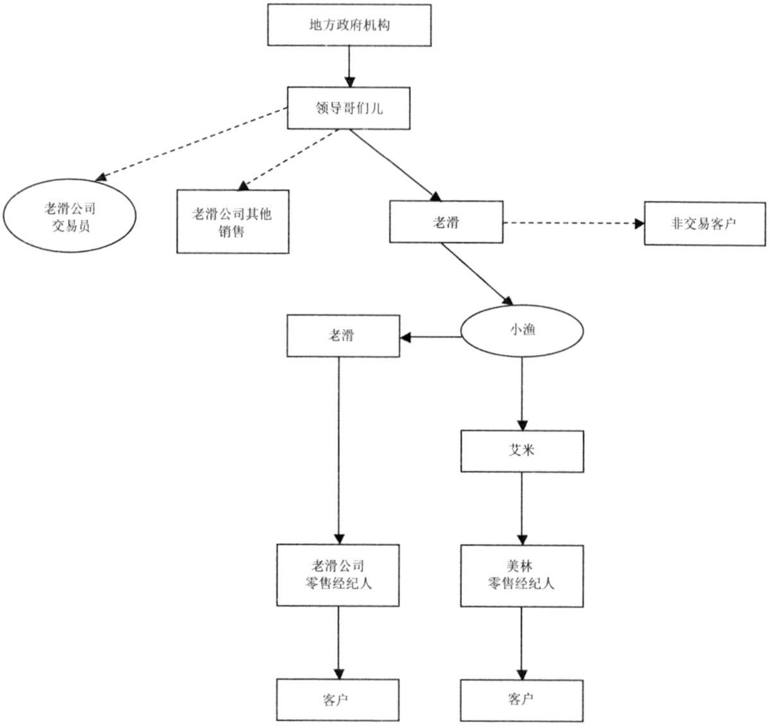
地方政府机构
领导哥们儿
老滑公司
交易员
老滑公司其他
销售
老滑
非交易客户
老滑
小渔
艾米
老滑公司
零售经纪人
美林
零售经纪人
客户
客户

交易，还给我留下相当的利润空间。

债券到我手里后事情就变得简单了。我把一部分债券通过老滑卖给零售渠道，让他再赚一次钱，算是投桃报李；同时我把另一部分债券通过艾米从美林的零售渠道卖出，可谓“一石三鸟”：一是快速出货实现了利润；二是和美林拉了关系；三是利用艾米和老滑相互竞争，卖了好价钱。

这桩交易实际就是一个债券分销过程，也是一个利益分配过程。“领导哥们儿”和老滑总共赚了约 10 个基点，我赚了 10 个基点，老滑（二次销售）、艾米和零售经纪人共赚了约 5 个基点。我能成为利益链条上的关键一环，是因为我掌握着一种特殊资源：资本。“领导哥们儿”、老滑和艾米都是销售，他们有关系、有渠道，但是没办法囤货。而我是交易员，手中有鲁西银行的资本，正好可以与老滑等人成为利益分配的合作伙伴！

有趣的是，华尔街销售提成的体制竟然造成了“领导哥们儿”和老滑与他们本公司之间的利益矛盾！试想，如果由老滑公司的交易员出手囤下这批便宜货，那么销售创造的价值就是未知数，提成也只能“意思意思”，绝不可能有 10 个基点之多。而他们把债券加价 10 个基点转手卖给我，马上兑现了利润，“领导哥们儿”和老滑直接提成，还附加二次生意的“余味”。销售们自己的利益极大化了，他们公司其实少赚了钱。老滑之所以肯当活雷锋给我送“馅饼”，正是因为我能帮他获得利益！

把这些逻辑想清楚后，我对债券交易中的“关系学”忽然有了一种茅塞顿开的感觉：所谓关系其实就是利益，搞关系的最好方法并非吃饭喝酒，跟人勾肩搭背称兄道弟，而是要在利益分配的链条中占据关键位置，在帮助别人实现利益的同时，获取自己的利益。

※

从此之后，我开始有意识地把“关系学”运用到交易当中。上节曾经从杜邦公式的理论角度分析过：既然后危机时代债券交易的利润率不低，就应该尽力增加周转速度。从“关系学”的实际操作层面看，就是搞好和各路销售的关系，让更多的债券从我这里“过手”。债券销售流程可以通过许多路径实现，怎样吸引别人走我这条路呢？最有效的办法就是以利诱之，多给销售们甜头，让他们把生意往我这儿送！

一天，某中型券商的销售辛迪来电话了：

“我近来是诸事不顺呐，今天又碰上个抠门精！就是那1 000万美元佐治亚燃气债券，你小渔都同意3.50%的要价了，可那卖家竟然连中介费都不肯出，这叫什么事儿呀！”

辛迪人到中年，家里又有个不听话的孩子，难免有时抱怨两句。她今天也确实有点背，那笔佐治亚燃气债券我已和对方讨价还价了好几个回合，对方坚决不让价，我则展示出高度的灵活性（不还价其实也挺便宜），逐渐向对方靠拢，最后干脆同意了他的要价（lift offer）。照惯例对方只要出个中介费就行了，而他竟然一毛不拔，确实够抠的。

“小渔，你如果能付我五毛钱，这笔交易就算成了。”

辛迪真是个实在人，一张债券（面值 1 000 美元）只要五毛钱中介费。如果是老滑，张口起码一块。我灵机一动……

“是你找来的好机会，这样吧，我给你七毛五！”

我大胆老脸，多给了辛迪 2 500 美元。她显然很惊喜，连声道谢。这笔交易后，我在辛迪心中的地位当然就比“抠门精”高出了一大截（后来辛迪告诉我“抠门精”是个新手，怪不得做事不上路）。此后辛迪对我的交易十分热心，我也经常塞点“小红包”，辛迪公司主承销的热门债券在分配时自然就经常向我倾斜。辛迪总是说：“他们都很喜欢你。”——他们是得喜欢我，送钱的谁不喜欢？

仔细分析，对销售施以小惠以换取交易机会的做法其实大有道理，这与华尔街的奖金分配制度很有关系。销售不能下赌注，他们只能赚点中介费之类的“太平小钱”，但他们的分成比例比较高（尤其是中小券商的销售），例如 20%。而交易员掌握资本可以下赌注，有可能赚大钱，然而分成比例却比较低，例如 5%。因此 5 000 美元对我其实意义不大，大可送给老滑搞关系，让他去拿 1 000 美元奖金提成。而如果有 10 万美元赌注、输赢四六开的交易机会，老滑自己没法下注，自然就会送到我这。我是交易员，一把输赢并不重要，和 21 点牌桌上一样，只要赢面大我就出手。按概率，10 万美元输赢四六开的赌注我平均能赚 2 万美元，奖金提成也是1 000美元。有风险的大钱我来赚，无风险的小钱让给他，我和老滑之间的利益分配达到了“和谐”的完美境界。

债券交易中的关系学精髓，其实就是在利益分配的链条中找准定位，与合作伙伴建立信任关系，然后各取所需。想办法帮助伙伴赚钱，自己才能得到更多的机会。我不由想起了高盛那句公司箴言：“如果我们为客户提供了优质服务，我们自己的成功就会随之而来。”高盛不愧是华尔街头牌，这句话不全是唱高调，其中大有道理。

※

道理一旦说透了都十分浅显。“关系学”也无非就是“做人别小气，有钱大家赚”罢了。然而对我来说，这却是一种思维方式上的飞跃。我刚进鲁西银行时就曾发现，文森对中介很“大方”，有时对方主动提出把中介费的零头抹掉，他都不同意。当时我很诧异，能省钱文森为什么不省？后来我渐渐明白，他是要保持和中介的良好关系，以便在取得市场信息等方面把握先机。这种思维方式或许和他的成长环境有关系：文森有多处房子，属于“富N代”，虽然热衷于免费午餐，但真到该花钱的时候从不手软。而我自己成长于物质相对匮乏的年代，从小就有勤俭节约的意识，在生活中勤俭是美德，可这个习惯如果带到交易中，像“抠门精”那样锱铢必较，把销售看成争夺利益的敌人，就大错特错了。“干大事而惜身，见小利而忘命”，像三国里的袁绍那样，必然难成大器。

再深一层说，关系学的分寸在金融危机前后也有变化。在利润率单薄的前危机时代，对销售确实不能太大方。而在利润率丰厚，需要努力增加周转速度的后危机时代，思路就应该转换：销售是伙伴，是实现利益过程中不可或缺的上下环节。跟他们搞关系的秘诀在几年前流传的一首顺口溜中早有总结：

一铁一起同过窗，

二铁一起扛过枪，

三铁一起嫖过娼，

最铁一起分过赃。

我跟老滑、小滑、艾米、辛迪等人是最铁的关系。

24。分久必合，合久必分

时代广场的彩球再次落下，新年钟声又一次响起。2010年年初，华尔街一派歌舞升平的景象。

虽说“天下大势，分久必合，合久必分”，可华尔街在金融海啸后恢复的速度实在惊人。政府财政刺激和美联储宽松货币政策的本意都是为实体经济保驾护航，岂料主街（Main Street，指实体经济）未见起色，华尔街却近水楼台先得月，结结实实地发了一笔政策财。

金融“盛世”回来了，“收藏”又成时尚。在流动性潮水的推动下，华尔街“收藏家”们向全世界进军，大量热钱涌入新兴国家，炒热了各类资产，世界金融市场俨然重现2006年的盛况。然而在新一轮淘金热潮中，却也有几许不和谐的音符：希腊债务问题渐渐浮出水面。

※

“干活少，挣钱多”的生活人人向往，希腊人民就长期过着这种惬意的生活。例如，希腊经济落后于德国，希腊人的平均退休年龄却比德国人早五六年，而且退休金颇为丰厚。优裕闲适的生活其实都依赖希腊政府的高额财政赤字支撑，等于整个国家在“寅吃卯粮”。在1999年加入欧元区之前，希腊可以靠货币贬值解决债务问题。加入欧元区之后，外资大量涌入希腊，加上“欧元国家”的金字招牌降低了希腊国债的利率，希腊人的美好生活又继续了几年。不过“出来混，总是要还的”，金融危机后外资从希腊撤出，希腊政府多年来做假账瞒报赤字的行为又露出马脚，投资者猛然清醒，希腊国债顿时卖不动了。

希腊并不孤独，同在欧元区的葡萄牙、西班牙和意大利情况也相似，都是生活水平超过了经济发展程度，政府赤字太多。好事者将这四国的英文名称第一个字母凑在一起，合称“猪四国”（PIGS），与“金砖四国”相映成趣。

2010年春天，“猪四国”债务问题不断恶化，金融市场的反应却并不激烈。投资者们只是对欧元区资产比较小心，对其他市场依然热情不减。这使我想起了2007年次贷问题初发时的景象，心中顿觉寒意逼人。交易固然还得做，但“小心驶得万年船”，我减少了债券头寸，降低了“收藏品”的比例，开始偏向流动性强的优质债券，做好了跑路的准备。

从4月下旬开始，欧洲债务问题逐渐成为新闻媒体关注的焦点，希腊政府向欧盟和国际货币基金组织要求援救，并紧急公布了削减财政赤字的计划，包括公务人员减薪、退休时间延后等措施。希腊爆发大规模示威，抗议者甚至上街砸汽车、烧房子。世界金融市场渐渐被阴云笼罩。

5月6日，一个普通的星期四。CNBC财经频道反复播出希腊骚乱的镜头，股市一片血红（价格下跌）。下午两点多，债券市场快要收市了，交易楼层上渐渐安静了下来，我去茶水间冲了杯咖啡……

当我端着咖啡走回工作台的时候，四周的噪音猛然升高，大家纷纷指着电视屏幕——才冲杯咖啡的工夫，道琼斯指数已经从下跌200点变成了下跌500点！接下来的几分钟，道指直线下落，跌幅几乎达到了1 000点！在一片惊呼声中，股指又开始火箭般反弹，迅速收复了600多点失地。CNBC中断了正常节目，紧急找来各路人马分析突然暴跌的原因，专家们众说纷纭：电脑程序出错，交易失误……我头脑中却只有两个字：妖孽！瞬间我想起了2008年1月的科维尔事件（见第11节），当时如果不是因为次贷问题已将市场推到悬崖边缘，科维尔欺诈案实不足以引发全球性股灾。同样，5月6日“闪跌”（flash crash）背后的真正原因只有一个：投资者对欧债问题的忧虑已达到临界点！

接下来几天尽管股市反弹，我还是毫不犹豫地将交易账簿的头寸削减了2/3。随后的市场发展清楚显示出国际金融资本竞相撤退的迹象：股市、美国国债、大宗商品、澳元……所有指针都指向“去杠杆，去风险”（de-leveraging, de-risk）的方向，难道一轮新金融危机即将爆发？

6月份，金融市场形势依然极为混沌，投资者普遍忧心忡忡，只有刚刚开幕的南非世界杯才能使人们暂时忘记欧债危机的烦恼。“猪四国”经济形势糟糕，却有一样让我羡慕不已——人家的足球队都打进了世界杯决赛圈（此处省略对中国足球的牢骚5 000字）。某日几个同事闲聊起世界杯，有人推崇五星巴西，有人看好马拉多纳的阿根廷，有人支持永远雷声大的英格兰，一位仁兄忽出惊人之语：

“西班牙队夺冠，对世界经济最为有利。”

众人愿闻其详。

“‘猪四国’中最令人担心的是西班牙。这么大的国家如果真发生债务危机，德国也未必救得了。西班牙政府一定得下狠心勒紧裤腰带，减工资裁福利，赶快把赤字降下来。可西班牙人要是也像希腊人一样上街闹事烧房子的话，政府就很难办了。所以为了世界经济的长治久安，最好由西班牙队夺杯。眼巴巴盼了几十年的西班牙老百姓一激动，说不定能响应政府号召，过几年紧日子。”

众人俱服高论。

西班牙队不负众望捧起了大力神杯，欧债危机也在欧元区各国、欧洲中央银行、国际货币基金组织等的强力干预下，在2010年夏天被暂时压了下去。这究竟是一场小风波，还是一场更大地震的前兆？

欧债危机清楚地表明，西方国家长期借贷消费所积累的债务问题已是世界经济最大的安全隐患之一。尤其是美国，寅吃卯粮能维持到何时？AAA评级背后是否也隐藏着空前的债务危机？形象地说，房贷问题等于是美国老百姓的信用卡刷爆了，银行业危机等于是华尔街的信用卡也刷爆了，美国政府的种种救市手段其实是把私有经济的债务转到了政府账上，可是如果有一天政府的信用卡也刷爆了，那又当如何呢？

短期看，美国尚可依靠美元的国际储备货币地位吸引海外资本以弥补窟窿；中长期看，政府必须果断增税和缩减开支，以暂时降低生活水平为代价，逐步减轻债务负担。如果不及时解决问题，甚至以更多借贷“加大毒品剂量”换取一时之快的话，那美国债务问题终有一天将被引爆。

2010年的欧债危机，也许真的是一次预演。

※

时光如梭，一转眼已到了2010年秋天，这本写了一年的书也终于即将收尾了。

此时的华尔街，乱世的凄冷似乎已渐渐远去，盛世的繁华好像又触手可及。在美联储和多国中央银行宽松货币政策的作用下，流动性潮水再现波涛汹涌之势，冲刷着金融市场的每一个角落。扫一眼彭博终端，股票和国债一起涨，石油和黄金等大宗商品也在涨，澳元和新兴国家货币还是涨，只有美元（融资货币）照例下跌。看一眼新闻，香港拍卖会又出了天价：一幅国画 3 亿多港元，一个花瓶 2 亿港元，简直拿钱不当钱。抬头看看电视，CNBC 财经频道居然讨论起“投资陈年老酒”的问题，还不是流动性过剩闹的！再查查财经新闻，企业并购案连连公布，杠杆收购也再现江湖。债券市场方面，垃圾债摇身一变成了紧俏商品，甚至结构化债券也悄然又起，CDO 改叫 Re-REMIC，换个名字又开始卖……这到底是 2010 年，还是 2006 年？

华尔街只管眼前，既然现在的市场好，我当然要借机赚钱。盛世中就要使出盛世的套路：增加头寸，提高杠杆；扩大“收藏”范围，从优质债券到高收益债券，不断向“边疆”开拓；从故纸堆中翻出相对价值模型摆弄摆弄……在过去经验的帮助下，我把握住市场演进的节奏，利润滚滚而来。然而，我心中却时常有几分不安：危机真的就这样过去了吗？

在我看来，世界经济的根本问题尚未解决，一旦财政刺激和宽松货币政策的“药劲儿”过去，危机就可能再度出现。也许需求减少会引发通货紧缩，导致新一轮衰退；也许货币供应量增加过快会触发通货膨胀，迫使中央银行加息，从而刺破世界各地的资产泡沫。或许欧债危机将再起，或许美国债务危机将爆发……

未来市场的具体演变路径很难准确预测，但这并不重要：大海中的冲浪客不必预知波涛走向，只需借力使力；市场中的冲浪客同样不必费尽心思预测未来，只需牢记“事异则备变”的道理，随着市场的节拍顺势而为。如果一定要做出预测，那我完全有把握的只有一件事：人类贪婪恐惧的本性难以改变，金融市场也难以摆脱“分久必合，合久必分”的起落循环。

在2010年的帷幕行将落下之际，世界金融市场又已是一片太平盛世的景象。置身如此氛围之中，我也只能随波逐流，努力为自己的交易账簿增添利润。然而在向前进攻的同时，我会经常检查一下背后的“撤退浮桥”，因为我心中隐然觉得：

乱世，总有一天还会再回来。

后记

产生写书的念头是在2006年。那时我刚开始当交易员，每天都见识新鲜事，学习新东西，很多都是我以前非常想了解的关于华尔街的情况，所以我就想到要把各种有趣的经历见闻写成一本书，供对华尔街感兴趣的读者们参考。

不久后次贷危机开始，前所未有的事件不断上演，平静的市场变成了危险重重的战场。一次次撤退、反攻，一次次经受考验，我不停地分析、思考、决断，逐渐发现自己对不少迷惑了很久的问题都有了清晰的认识。于是写作范围便不再仅仅是关于华尔街的经历见闻，也加入了我对金融市场的分析解读。

我的目标是既要把个人经历和金融危机前后华尔街的林林总总结合成一个完整的故事呈现给读者，又要把复杂问题讲的简单，这对初次写作的我来说无疑是高难度的挑战。一年多的时间里，有艰难的挤牙膏，有对关键点的反复推敲，写作过程相当不容易。然而付出后也常常有收获顿悟的喜悦。例如，对次贷这部分原来我是不知从何入手的，有一天看到对外经济贸易大学教授张海云先生关于结构化产品的一份讲义，里面使用了“连环计”的比喻，大受启发。将次贷聚合一处的CDO等等不就是《三国演义》里的连环计吗？房价下跌不就是“东风”吗？之后的“火烧连船”岂非自然而然？于是“连环计”这节就一气呵成了。

在书中，我尽量从直观浅显的角度讲述金融，一方面是为了方便阅读，另一方面也因为我相信，让人眼花缭乱的华尔街大戏背后其实有几条贯穿的线索，诸如宏观流动性周期、杠杆与对冲的关系、华尔街的基本商业模式等等。说得玄一点，“技”和“术”是复杂的，而其中的“道”则应该是简单明了的。我当然不敢说自己已经得道，只是多年来在对华尔街的认识逐步加深的过程中，确实积累了不少感想和体会，都尽量呈现在这本书里面了。

数学界前辈华罗庚先生说过，读书有“从薄到厚”，再“从厚到薄”两个阶段。从薄到厚代表对专业知识的积累，从厚到薄则代表对复杂现象背后本质的把握。我自己对于华尔街的认识也经历了几个阶段。最开始是好奇，觉得华尔街既神秘刺激又高深莫测。然后便孜孜不倦地收集各种信息，学习各种金融专业知识，有了很多积累，却感觉得到的是各式各样的认知碎片，难以形成一个完整的系统，这也许就是读书“从薄到厚”的过程。近几年通过在第一线的实战磨炼，以及对金融危机前后市场完整周期的观察总结，我开始觉得头脑中的认知碎片逐渐聚拢，对华尔街的宏观图景逐步有了直观认识，这也许就是读书“从厚到薄”的过程。希望读者通过阅读这本书，对华尔街也能有“从厚到薄”的感觉。

在此需要说明，本书中关于金融危机的素材主要来自彭博社、

《华尔街日报》等新闻媒体的报道，部分背景材料参考了维基百科等网络资源，我自己的交易日记也是写作的重要依据。由于本书不是学术论文，原始资料都来源于广为人知的各类媒体，再加上写作时间的限制，故对于事实和数字的出处未逐一注明。至于书中谈到的我周围的人和事，都经过了加工处理，与实际有很大出入。这么做是为了在不涉及个人具体情况、不暴露公司敏感信息的前提下，通过根据真实事例改编的故事从微观上帮助读者了解华尔街。

这本书能完成并出版，还要感谢朋友们的热心帮助。杨宇翔先生在写作初期给了我宝贵的鼓励，又在百忙之中抽出时间为本书作序。陈目女士和杨建峰先生对书的内容结构提供了很多有益的建议。孙海玉女士、何凌枫女士和各位工作人员为本书的顺利出版付出了辛勤的劳动。我在此对各位朋友们表示衷心感谢。

我还要感谢家人的支持鼓励。父母带着老花镜仔细阅读的场景激励着我写完这本书。太太作为第一读者，无论是赞赏还是批评都对我助益良多。儿子虽然没做出直接贡献，但他带来了很多乐趣，间接增进了我的工作效率，在此一并表示感谢。

最后，还要特别感谢作为读者的你。对书中的不完善之处，希望能不吝赐教。关于金融市场的各种问题，我也愿意通过其他方式进一步交流探讨。谢谢你能耐心地读完这本书。

图书在版编目(CIP)数据

乱世华尔街 / 渔阳著. — 北京：中国人民大学出版社，2015.12
ISBN 978-7-300-15099-4

Ⅰ. ①乱… Ⅱ. ①渔… Ⅲ. ① 金融市场—研究—美国 Ⅳ. ①F837.125

中国版本图书馆CIP数据核字（2015）第257296号

乱世华尔街
渔阳 著
Luanshi Huaerjie

出版发行	中国人民大学出版社		
社　　址	北京中关村大街31号	**邮政编码**	100080
电　　话	010–62511242（总编室）		010–62511770（质管部）
	010–82501766（邮购部）		010–62514148（门市部）
	010–62515195（发行公司）		010–62515275（盗版举报）
网　　址	http://www.crup.com.cn		
经　　销	新华书店		
印　　刷	北京联兴盛业印刷股份有限公司		
规　　格	148mm × 210mm　32开本	**版　　次**	2015年12月第1版
印　　张	9　插页2	**印　　次**	2025年10月第10次印刷
字　　数	175 000	**定　　价**	45.00元